MÜNSTERSCHWARZACHER KLEINSCHRIFTEN

herausgegeben
von den Mönchen der Abtei Münsterschwarzach

Band 113

Basilius Doppelfeld OSB

Erinnern

VIER-TÜRME-VERLAG MÜNSTERSCHWARZACH
1998

Basilius Doppelfeld OSB

Erinnern

VIER-TÜRME-VERLAG MÜNSTERSCHWARZACH
1998

Die Deutsche Bibliothek – CIP-Einheitsaufnahme
Doppelfeld, Basilius:
Erinnern / Basilius Doppelfeld. – 1. Aufl. – Münsterschwarzach : Vier-Türme-Verl., 1998
(Münsterschwarzacher Kleinschriften ; Bd. 113)
ISBN 3-87868-613-7

1. Auflage 1998
Gesamtherstellung: Vier-Türme GmbH, D-97359 Münsterschwarzach Abtei

ISSN 0171-6360
ISBN 3-87868-613-7

INHALT

EINLEITUNG

Was haben Sie gestern in der Zeitung gelesen?

Oder was haben Sie gestern im Fernsehen angeschaut?

Mit einer solchen Frage kann man leicht seine Zeitgenossen verunsichern. Und nicht nur sie, sondern auch sich selbst. Was habe ich von all dem, was ich gestern gelesen, gesehen und gehört habe, behalten? Wenn ich mir diese Frage stelle, dann fällt mir das eine oder andere spontan ein; aber es ist nur eine Auswahl, von der ich kaum weiß, wie sie zustande gekommen ist. Regiert der Zufall, der Einfall meine Erinnerung? Es sieht so aus, und diese eher erschreckende Erkenntnis verunsichert mich. Inwieweit bin ich überhaupt in der Lage, mich zu erinnern: bewußt und systematisch? Der Zufall ist unbefriedigend, da unkontrolliert. Oder ist es doch kein Zufall? Hängt meine Erinnerung vielleicht damit zusammen, daß dieses oder jenes mich besondes beeindruckt hat und deshalb im Gedächtnis hängen geblieben ist und sich dann auch deutlicher meldet? Umgekehrt gefragt: Warum habe ich anderes fast völlig vergessen? Liegt es daran, daß es mir irgendwie unangenehm war und ich es am liebsten von mir fern gehalten hätte? Jeder von uns verdrängt, bewußt oder unbewußt. Das hat zunächst nichts mit Moral zu tun, sondern ist eher ein Reflex, ein Schutzmechanismus: Wenn alles, was wir sehen und hören, uns in gleicher Intensität innerlich berührte, wären wir bald am Ende mit unseren Nerven. Unser Gemüt, unsere Seele weiß sich zu schützen und hat hier und da so etwas wie eine Hornhaut entwickelt. Das mag nicht immer richtig und korrekt sein; aber es ist ein Schutz, der zum Instinkt werden kann und der uns hilft, mit der Fülle dessen, was auf uns einstürmt, besser fertig zu werden. Die Speicherkapazität eines Computers kann an ihre Grenze kommen, und dann wird nichts mehr festgehalten. Der Mensch macht mit seinem Kopf und Herzen eine ähnliche Erfahrung und schreit auf: „Ich komme nicht mehr mit! Ich verstehe nichts mehr! Das alles ist mir zuviel!" Und er schaltet ab. Es muß Schutzmechanismen geben, des Menschen wegen. Dem Examenskandidaten geht es so, wenn er spürt: „Jetzt kann ich mir nichts mehr merken. Ich habe einen Satz gelesen und weiß schon nicht mehr, was ich gelesen habe." Nach Stunden vor dem Fernseher geht es so, nach langen Reden und Verhandlungen oder wenn man zuviel und zu schnell liest. Etwas in uns wehrt sich. Es bleibt nichts mehr hängen, und wenn doch, dann sind es nur Bruchstücke, aus dem Zusammenhang gerissen oder gefallen. Ist das Innere übergelaufen, daß ich mich nicht mehr erinnere? Wann ist nicht nur mein Kopf, wann bin ich zu voll, daß ich nichts mehr aufnehmen, nichts mehr behalten, mich an nichts mehr erinnern kann? Mir sind offensichtlich Grenzen gesetzt, zum Schutz meiner selbst, meines Innern; Grenzen, daß ich mich nicht mehr erinnern kann.

„Erinnern" kommt vom „Inneren". Was in mir ist, kann heraus, drängt heraus. Anderes, die anderen, meine Umwelt geht in mich ein und kommt aus mir wieder heraus. Ich bin nicht nur in Kontakt mit anderen und mit anderem; ich stehe im Austausch mit allem um mich herum. Bilder, Worte, Gedanken, Verhaltensweisen, Einschätzungen und Urteile kommen auf mich zu, beschäftigen mich; ich nehme sie wahr und nehme sie auf – und werde sie nie mehr ganz los. Sie sind ein Teil meiner selbst, gehören zu meinem Inneren und bringen sich in Erinnerung. Ich denke nicht oft darüber nach; manchmal aber stößt mich ein Geschehen, eine Frage mit der Nase darauf: „Was haben Sie gestern in der Zeitung gelesen? War das Fernsehen gestern abend interessant?“ Ich erinnere mich nicht, beim besten Willen nicht.

Ein lebendiger Speicher

Ein Computer ist eine relativ einfache Sache. Er nimmt auf und speichert. Wieviel er behalten kann, gemessen in Megabyte und Gigabyte, ist an seinen technischen Daten abzulesen. Was ordentlich abgelegt wurde, läßt sich auch relativ einfach und sicher wieder finden und aufrufen. Dafür ist das Betriebssystem verantwortlich. Beim menschlichen Gehirn, bei dem, was wir Gedächtnis nennen, ist es schon schwieriger. Wer klagt nicht über sein schlechtes Gedächtnis, über seine Vergeßlichkeit?! Dabei ist es vielleicht gar nicht so schlecht, dieses oder jenes zu vergessen. Nicht alles, was ich in irgendeiner Situation und auf irgendeine Weise aufgenommen habe, brauche ich später noch, ganz abgesehen davon, ob es mir guttut. Vergessen kann gnädig sein; Erinnerung ist nicht immer Geschenk. Manches möchte man loswerden, möchte nicht mehr daran erinnert werden und sich selbst nicht mehr daran erinnern – und bringt es doch nicht weg. Da hilft auch nicht das Verdrängen, ganz im Gegenteil.
Unser Gedächtnis ist ein lebendiger Speicher, und wie Erinnerung geschieht, wissen wir im Grunde kaum. Durch Anstöße, seien es Bilder, Worte oder Reize, kann dieser Speicher aktiviert werden. Da tauchen dann Dinge auf, an die wir schon lange nicht mehr gedacht haben, und sind plötzlich wieder da, aktuell wie vor Jahren oder

Jahrzehnten. Unser Erinnerungsvermögen bereitet uns manche nicht nur liebe Überraschung. Es spielt uns manchen Streich durch das, was es plötzlich ins Bewußtsein bringt, ebenso wie durch das, was es uns im Moment verweigert: Diesen Menschen kenne ich doch, ich muß ihn begrüßen. Doch um alles in der Welt fällt mir sein Name nicht ein. Und dann wache ich nachts auf und weiß seinen Namen, jetzt, wo ich ihn nicht brauche. Wir klagen über unsere Vergeßlichkeit, und im nächsten Moment wundern wir uns, woran wir uns alles erinnern: an einen besonders schönen Kieselstein, den wir vor Jahren im Urlaub am Meer gefunden haben; an den Geruch eines Fischessens in der Bretagne; an das dumme Gesicht unseres Banknachbarn in der Schule, als er beim Abschreiben erwischt wurde. In unserem Gedächtnis muß es verrückt zugehen, haben wir den Eindruck. Und gleich darauf könnten wir verzweifeln, weil uns die Telefonnummer des Kollegen nicht einfällt, den wir schon so oft angerufen haben. Erinnern ist eine unsichere Sache; man kann sich auf sein Gedächtnis nicht verlassen. Aber alles aufschreiben kann man auch nicht; wie soll man dann wissen, wo man es sich notiert, wohin man den Zettel gelegt hat?

Was uns bewegt, bleibt haften

Von allen Fahrten, die ich durch Afrika gemacht habe, ist mir diejenige am tiefsten in Erinnerung geblieben, bei der ich wegen unerlaubten Fotografierens verhaftet und als südafrikanischer Spion verdächtigt wurde. Ich sehe die Szene jetzt noch genau vor mir. Erinnerung hat offensichtlich etwas zu tun mit der Stärke des Eindrucks. Denken wir nur an persönliche Begegnungen:

Menschen, die uns beeindrucken, vergessen wir nicht so schnell wie „graue Mäuse“ und „Mauerblümchen“, wobei durchaus nicht nur der äußere Eindruck zählt. Wer uns imponiert, wodurch auch immer, der prägt sich unserem Gedächtnis ein. Die Werbung spricht von „positiven Botschaften“, die lange genug im Gedächtnis bleiben, um den für einen Kauf entscheidenden Anstoß zu geben. Freud und Leid prägt sich unserem Gedächtnis ein, während der graue Alltag in der Erinnerung verblaßt. Die Freizeitindustrie macht von dieser allgemein menschlichen Erfahrung kräftig Gebrauch; aber manchmal ist es des Guten zuviel, und die Kinder, die aus Disney-Land oder sonst einem Freizeitpark kommen, wissen gar nicht, womit sie anfangen sollen beim Erzählen und bringen bald alles durcheinander. Wir Erwachsenen drücken es anders aus: „Ich weiß nicht mehr, wo mir der Kopf steht.“ Was auf uns zukommt, was auf uns einstürmt, will wahrgenommen, aufgenommen und verarbeitet werden. Das geht beim Menschen nicht so schnell wie beim Computer. Wir kommen an Grenzen, die aber nicht nur leidige Begrenzungen oder Beschränkungen sind, sondern auch Schutzmechanismen vor permanenter Überforderung.

Was uns bewegt, bleibt haften. Noch mehr gilt aber wohl: Was wir bewegen, das bleibt in unserer Erinnerung lebendig. Das spüren wir deutlich, wenn wir interessanten Menschen begegnen: Sie können erzählen, ja schildern, was sie nicht nur erlebt, sondern selbst zum Leben gebracht haben. Eltern etwa und Großeltern, die von ihrer Familie erzählen. Menschen, die etwas gewagt haben, auch wenn ihnen nicht alles gelungen ist. Es ist gut, wenn wir uns vor allem an Menschen erinnern, die auf irgendeine Weise in Beziehung mit uns stehen oder standen. Erinnern ist dann mehr als ein Zurück-Denken; Erinnerung ist Gegenwärtigsetzen, Zurückholen, Auferstehenlassen. Das wird uns noch begegnen bei der großen Feier der Erinnerung, bei der Memoria unseres Glaubens, der Eucharistiefeier.

Erinnern ist der Umgang mit dem, was war, und dem nachgetrauert wird, weil es nicht mehr ist. Erinnern ist damit das Gegenteil von Verdrängen, ist Auflebenlassen von dem, was zwar vergangen, aber nicht tot ist. Das gilt besonders von Menschen, denen wir nichts Tröstlicheres sagen können als: „Ich vergesse dich nicht; ich denke gerne an dich." Das ist zugleich Religion: an Gott denken, ihn feiern, sich seiner Taten erinnern – und gewiß sein, daß er uns nicht vergißt, sondern uns näher ist, als es die eigenen Eltern sind (vgl. Ps 27,10). Vergessen zu werden gehört zu den Urängsten des Menschen: des kleinen Kindes, wenn es plötzlich allein ist und der Kontakt zu vertrauten Menschen unterbrochen ist; des Erwachsenen, der durch den Tod des Partners einsam geworden ist; nach afrikanischem Verständnis des Vorfahren, an den niemand mehr denkt und dessen Name in Vergessenheit gerät, womit er endgültig tot und nirgendwo mehr gegenwärtig ist.

Vergessen ist vielleicht das Schlimmste, was man einem Menschen antun kann. Solange man sich mit ihm auseinandersetzt, und sei es auch im Streit, ist der andere als Gegenüber, selbst als Gegner noch existent. Ja selbst wenn man sich nur seiner Fehler und seiner Schuld erinnert, so lebt er doch noch. Jemanden vergessen, heißt ihn auslöschen, nicht mehr mit ihm konfrontiert werden. Das kann vom Totschweigen eines Menschen bis zum Holocaust eines Volkes reichen: ein für allemal ausgerottet, damit man ihrer nie mehr gedenke.

Vergessen ist ein beliebtes Instrument der Politik. Welcher politische Verbrecher hat sich nicht damit herausgeredet: „Ich kann mich nicht mehr erinnern." Man muß nur lange und hartnäckig genug verdrängen, dann stellt sich irgendwann das so bequeme Vergessen ein, die Auflösung der Geschichte in das Numinöse, das nicht mehr greifbar ist. Wer die Geschichte verdrängt oder leugnet, wer sich nicht erinnern will, der schneidet sich von seinen Wurzeln ab, der gibt sich auf, weil er keinen Rückhalt mehr hat. „Erinnere dich, Israel!" Dieser Appell an das eigene Bewußtsein hat das so oft und so grausam verfolgte Volk des Ersten Bundes Gottes vor dem Untergang bewahrt. Nur wer sich erinnert, setzt sich auseinander mit dem, was war und was geschieht, mit dem, was von der Gegenwart unversehens in die Vergangenheit übergeht, was abgeschlossen werden kann, wenn es aufgearbeitet worden ist. Dann kann auch manches vergessen werden, denn nicht alles ist der Erinnerung wert. Das Schwelgen in Erinnerung ist nicht immer der adäquate Umgang mit der Vergangenheit. Es gilt, den richtigen Weg zu finden zwischen dem Leben aus der und in der Erinnerung als dem Gewordenen und persönlich Geschaffenen einerseits und der ständigen Wiederholung des Alten, ja Vergangenen, so daß die Gegenwart und die Zukunft keinen Platz haben.

Feiern, was gewesen ist, damit es gegenwärtig bleibt

Jede Epoche und jede Generation muß neu ihr Verhältnis zur Vergangenheit bestimmen, muß den rechten Umgang lernen mit dem, was war, damit das, was ist, den Platz und Rang erhält, der ihm gebührt, und damit Raum ist für die Zukunft.

Hilfestellung geben kann bei dieser gesellschaftlichen Herausforderung die Religion als die deutende, sinnstiftende Kraft der Kultur eines Volkes. Das zeigt die Geschichte des Christentums in dem Raum, in dem die Botschaft von Jesus, dem Christus, zuerst verkündet worden ist, und in der mediterranen und mitteleuropäischen Welt, die sich der christlichen Mission schon früh geöffnet hat. Mitte der christlichen Botschaft ist die Verkündigung von der Menschwerdung Gottes in Jesus von Nazaret, von dessen Predigt und Heilshandeln, das in seinem Leiden und Tod und in seiner Auferstehung sich vollendete – aber nicht beendet wurde. Das von und durch Jesus gewirkte Heil wirkt weiter: in der Feier des Mahles, das er mit seinen Jüngern am Vorabend seines Leidens gehalten hat und in dem er sich selbst in Brot und Wein gab, damit sie das Leben haben und es in Fülle haben (vgl. Joh 10,10). Er trug seinen Jüngern auf, dieses Mahl immer wieder miteinander zu halten, zu seinem Gedächtnis, in der Erinnerung an ihn, die mehr ist als nur ein Gedenken, vielmehr Geschehen und Gegenwart dessen, was er selbst an jenem Abend im Kreis der Seinen tat. Seine Aufforderung, die zugleich Zusage ist, gilt seither: „Tut dies zu meinem Gedächtnis“ (Lk 22,19). Der Kern des christlichen Glaubensvollzuges ist also die Erinnerung, eine Erinnerung, die sich nicht nur mental vollzieht, sondern real ist in der Präsenz dessen, der sich selbst zur Gabe und zur Speise macht, und in der Gemeinde. Die Elemente dieser Memoria gelten für alle Generationen und Weltgegenden.

Nicht nur im christlichen Glauben stellt das Erinnern und damit die Rückbindung an die Geschichte die Grundstruktur der menschlichen Existenz dar. Der Mensch als das geschichtsbewußte Wesen fragt nach seinem Woher und Wohin. Die Frage nach Letzterem läßt sich nicht befriedigend beantworten ohne die Frage nach Ersterem, die zurückgeht bis zum Anfang, von dem es im biblischen Schöpfungsbericht heißt: „Gott sah alles an, was er gemacht hatte: Es war sehr gut“ (Gen 1,31), eine Feststellung, die nicht aufgehoben wird durch all das nicht so Gute, ja das ausdrücklich und immer wieder neue Schlechte und Böse, das der Mensch in Verkennung Gottes und dessen Absicht aus der Schöpfung – und damit aus und mit sich selbstgemacht hat. Trotz allem bleibt die Erinnerung an den Anfang der Schöpfung und an Jesus Christus entscheidend, nicht nur im Sinn einer Sehnsucht nach dem Gelungenen, ja Vollkommenen, sondern als Zusage Gottes ebenso wie als Maßstab des Menschen, sein und seiner Welt Leben zu gestalten: aus dem Rückbezug auf das Erinnerungswürdige, „das gut war“.

Von hierher wird der Blick des Menschen auf sein eigenes Leben, auf seine persönliche Geschichte geleitet, auf die Frage: Was sehe ich, wenn ich mich mit dem Blick Jesu auf seine Jünger betrachte? Was mag Gott an mir sehen? Welches Bild vermittle ich meiner Umwelt, nicht im Sinne eines Sich-zur-Schau-Stellens, sondern in der Offenheit dessen, der sich von Gott gesehen und trotz Schwäche und Sünde angenommen weiß – und sich deshalb und daraufhin auch seinen Mitmenschen zeigen kann, wie er ist.

Schau dich an! – Laß dich anschauen!

Die Aufforderung „Erkenne dich selbst!“ ist nicht nur eine philosophische Maxime, sondern richtet sich an alle Christen, ja alle religiösen Menschen, dem eigenen Ich sich zu stellen und sich mit ihm auseinanderzusetzen in einer ehrlichen, der persönlichen Stärken wie Schwächen bewußten Nüchternheit. Der Christ ist immer zurückgebunden an Gott, der ihn geschaffen und berufen hat, und an Jesus Christus, auf den er getauft ist. Von daher gibt es kein christliches Leben ohne Besinnung, ohne Rückfragen an das eigene Selbst, ohne Orientierung und Verpflichtung auf Maßstäbe und Vorgaben, die weder abstrakt sind noch einem schematischen Verhaltenskodex folgen, sondern sich ableiten von dem, über den der Hebräerbrief sagt: Er war „in allem uns gleich außer der Sünde" (vgl. Hebr 2,17). Ob man es Gewissenserforschung nennt oder „revision de vie", ob man einem traditionellen Beichtspiegel folgt oder mit dem Enneagramm arbeitet: Es gibt kein christliches Leben ohne Erinnerung, ohne Rückblick auf das, was war, ohne Eingeständnis und Bekenntnis, wenn und wo Schuld vorliegt, und ohne Bitte um Vergebung, eine Bitte, die sich oft zunächst an die betroffenen Menschen richten muß, bevor sie an Gott herangetragen wird. Diese ganz menschliche und unverzichtbare Form des Erinnerns, verbunden mit dem Aufarbeiten, ist keine Aufgabe, die den einzelnen demütigen, disziplinieren oder erniedrigen will. In der „revision de vie", der Erinnerung und dem selbstkritischen Blick auf das eigene Ich, stellt sich der Christ unter das Erbarmen Gottes, der in Jesus Christus alle erlöst hat und alle Schuld vergibt.

Ein solches, auf die von Gott zugesagte Vergebung aller Schuld und Sünde vertrauendes Eingeständnis von Versagen und Schuld braucht Formen und Hilfen, denn nicht immer reichen die persönliche Einsicht, der eigene Mut und die natürliche Kraft aus, um eine echte Revision des Lebens zu schaffen. Da das Richtige, das persönlich Hilfreiche und damit Befreiende zu finden, ist angesichts des immer größer und unüberschaubarer werdenden Psychomarktes nicht leicht. In unserem Zusammenhang kann nur auf einige Kriterien hingewiesen werden. Entscheidend ist: Um den Blick nach vorne zu tun, erst den Blick und dann den Schritt, müssen wir zunächst zurückschauen: auf den Weg, der hinter uns liegt, ohne uns von den Schatten einholen und unser Ziel verdunkeln zu lassen, und in der ehrlichen Erinnerung, die das genaue Gegenteil von Verdrängung ist, an all das, was gewesen ist, wie immer es auch war.

Ich erinnere mich

Ständig erinnere ich mich. Erinnern ist vielleicht das, was ich mehr als alles andere tue: Wenn ich morgens aufwache, erinnere ich, wo ich bin und wo meine Kleider liegen und kann mich deshalb schnell anziehen. Vorher habe ich mich schon an Zahnbürste und Seife erinnert. Daß ich überhaupt aufgestanden bin, liegt daran, daß der Wekker mich erinnert lautstark erinnert hat, daß es Zeit ist. Ständig erinnere ich mich oder werde erinnert, dank guter Gewohnheiten und mit Hilfe von festen Gebräuchen, die die Franzosen „aide-mémoire" (Erinnerungshilfen, auf Deutsch auch „Eselsbrücken") nennen. Wir machen uns selten bewußt, wie stark wir aus der Erinnerung leben, ja von ihr abhängig sind, denn diese Erinnerung ist über weite Strecken nicht bewußt, wirkt vielmehr unbewußt. Ein Sprichwort sagt: „Der Mensch ist ein Gewohnheitstier." Diese Gewohnheiten sind im Grunde Erinnerungen, die wir derart verinnerlicht haben, daß sie uns kaum noch bewußt sind. Das entlastet sowohl unser Gehirn als auch unseren Willen. Vieles ist vorentschieden, „vorprogrammiert", wie man – vielleicht nicht ganz ohne Argwohn – im Vergleich mit dem Computer sagt, von dessen phänomenalem Erinnerungsvermögen in der Einleitung bereits die Rede war. Die so selbstverständliche und unbewußte Erinnerung sollten wir uns gelegentlich ins Bewußtsein rufen, um die bewußte Erinnerung, das gesteuerte Sich-Erinnern, umso deutlicher in den Blick zu bekommen. Denn schnell und verführerisch leicht ist gesagt: „Ich erinnere mich nicht" in dem Sinne: Es fällt mir jetzt gerade nicht ein. Also brauche ich mich damit nicht zu beschäftigen, brauche mich nicht anzustrengen. Das aber ist zu einfach.

Erinnern bedeutet Vergangenes bewußt machen. Ich denke nach, suche in meiner Erinnerung, versuche zu rekonstruieren, was war und wie es war. Das ist etwas ganz anderes, als an das erinnert zu werden, was der Zufall im Kaleidoskop unserer Gedanken gerade an die Oberfläche des Bewußtseins bringt. Die Initiative geht von mir aus. Ich will etwas vergegenwärtigen, d.h. in die Gegenwart zurückholen, wenn schon nicht materiell, dann doch wenigstens in meinen Gedanken. Ich kehre nicht in die Vergangenheit zurück, sondern hole Vergangenes in die Gegenwart und mache es aktuell. Das setzt allerdings voraus, daß das Vergangene noch existiert: in meinem persönlichen Gedächtnis, vielleicht auch in einem Gegenstand, einem Bild oder Symbol, das mir gegenwärtig ist und nicht nur mir. Das Vergangene muß auch anderen zugänglich sein, will nicht nur ich mich daran erinnern. Das sind alle die Geschichten, die mit den Worten beginnen: „Weißt du noch?“ Das sind die kollektiven Erfahrungen, auf denen unsere Gesellschaft mit allen ihren Ebenen von der Partnerschaft bis zum komplexen Staatsgebilde basiert. Erinnerung ist der Weg von der Gegenwart in die Vergangenheit, ein Weg, den wir größtenteils un- oder unterbewußt ständig gehen, weil wir diese Rück- oder Selbstversicherung brauchen. Im Erinnern wird alltäglich ständig erfahrbar, daß der Mensch ein geschichtliches Wesen ist. Nur sind viele Zeitgenossen sich dessen zu wenig bewußt, was zu falschen Einschätzungen nicht nur der Geschichte und der Zukunft, sondern auch des eigenen Ich führt.

In dem Wort „erinnern“ steckt noch etwas, was leicht übersehen wird. Etymologisch bedeutet „erinnern“: „machen, daß jemand einer Sache inne wird“. Um Bewußtwerden und Aufmerken geht es also, um Gewahrwerden. Das ist nicht beschränkt auf die Vergangenheit; das bezieht sich auch auf die Gegenwart, auf das, was hier und jetzt in mir vorgeht. Die persönliche Erinnerung ist die lebendige Verbindung des Menschen mit der Vergangenheit, mit der Geschichte insgesamt. Der Mensch kann sich nicht allein auf seine begrenzte persönliche Erinnerung verlassen, da er immer nur einen Ausschnitt der ganzen Wirklichkeit mitbekommt. Er benötigt deshalb Quellen, Anstöße, Hilfen vielfältiger Art aus seinem Umfeld: alles das, was man mit lebendiger Tradition und Geschichtsschreibung im weitesten Sinn bezeichnet. Er muß sie einerseits suchen, wahrnehmen und wollen; andererseits müssen sie ihm aber auch frei zugänglich sein. Wo der persönliche und unbeschnittene Zugang zur vollen Wirklichkeit in Gegenwart und Vergangenheit fehlt oder verweigert wird – letzteres etwa in einem System, wie es George Orwell in seinem Buch „Neunzehnhundertvierundachtzig" beschrieben hat -, wird der Mensch als geschichtliches Wesen verkürzt und deshalb selbst bald geschichts- und gesichtslos. Er wird manipulierbar, weil orientierungslos, vergleichbar einem Menschen, der sein Gedächtnis verloren hat. Hier liegt die dämonische Gefahr politischer und weltanschaulicher Systeme, die versuchen, den Menschen auf ihre, die systemimmanente „Wahrheit" zu beschränken, indem sie ihm die Orientierung an der vollen, komplexen – und manchmal auch zu überfordern scheinenden – Wirklichkeit verweigern. Die Schärfe der Wirklichkeit trübt sich ohnehin im zeitlichen Abstand. In der Erinnerung wird manches weicher und gnädiger, was ursprünglich als harte Realität empfunden wurde und vielleicht auch verletzt hat. Die usprünglichen Maßstäbe und Werturteile geraten ins Wanken, in unterschiedliche Richtungen: Manches wird verklärt, anderes verteufelt oder verdrängt. Der zeitliche Abstand darf aber nicht nur negativ als Verfälschung verstanden oder dargestellt werden; er wirkt manchmal gnädig versöhnlich.

In der Erinnerung alles zulassen

Erinnerung wird oft verfälscht, Geschichte wird umgeschrieben, Wahrheit wird verbogen. Das geschieht aber nicht nur durch Ideologen oder Tyrannen, das tun wir oft selbst und viel subtiler. Wir wollen uns gar nicht immer an alles erinnern; wir möchten es dürfen und können – aber wir tun es nicht immer. Manchmal ist nämlich das Leugnen und Verdrängen einfacher und angenehmer, der Verzicht auf das Verstehenmüssen.
Erinnern verlangt Mut: Umfassendes, nichts ausgrenzendes, nichts verdrängendes Erinnern. Partielles Erinnern ist da nicht erlaubt: Ich erinnere mich nur an das, was mir angenehm, was schön war, was mich bestätigt, was mir ein gutes Gefühl gegeben hat. Das ist eine Art Träumen, ganz nett, vielleicht wohltuend, aber im Grunde ein frommer Selbstbetrug, der nicht lange anhält. Die Realität holt uns ein. Alles zulassen in der Erinnerung bedeutet eben nicht, die schönsten Stücke aus dem Kuchen unseres Lebens herausschneiden, die Rosinen des Gelungenen herauspicken und den Rest vergessen oder verdrängen. Wir haben eine gewisse Fertigkeit entwickelt im Verdrängen und Leugnen, im Selbstbetrug oder in der Selbsttäuschung, im Glorifizieren der eigenen Person, ihrer Fähigkeiten und Leistungen und auch im „Gesundbeten" unserer schwachen Seiten. Die partielle Wahrnehmung ist eine der großen Versuchungen unserer Zeit. Mag sein, daß das zu-

sammenhängt mit dem Gefühl der Überforderung, das immer mehr Zeitgenossen haben.
Erinnern kann eine reinigende, eine kathartische Funktion haben: Ich stehe zu dem, was war; und ich bekenne, daß etwas nicht nur war, geschehen und passiert ist, sondern daß ich es war, der dieses oder jenes getan oder unterlassen hat, und daß ich schuldig geworden bin dadurch. Meine Schuld ist nicht nur ein Fehlverhalten, eine Fehlleistung gar nur und dies auch noch nur gegenüber einem abstrakten Gebot oder einer fernen Institution. Ich bin schuldig geworden an einem Menschen, den ich benennen kann. Daran erinnere ich mich; das tut mir leid, und ich empfinde Reue dafür. Ich fühle, daß ich den betreffenden Menschen um Vergebung bitten muß und mich anders nicht ent-Schuld-igen kann. Das alles fällt mir ein im Rückblick auf mein Leben und Tun, das verdränge ich nicht aus der Erinnerung, das lasse ich zu. Das ist nicht ein zwischenmenschlicher Unfall; das bin ich mit meinem Versagen und meiner Schuld. Ich brauche Mut, mich dem zu stellen, das zuzulassen, zuzugeben, daß ich gefehlt habe. Es geht nicht darum, mir ein schlechtes Gewissen zu machen oder daß ich „einen Moralischen" bekomme.
In unserer Gesellschaft wird nicht immer auf diese ehrliche und differenzierende Weise mit Schuld umgegangen, mit der Erinnerung an persönliches Scheitern. Das ist sicherlich ein Manko. Andererseits soll diese Schwäche unserer Zeit und Gesellschaft auch nicht instrumentalisiert werden für eine moralische Verdammung. Erinnerung ist zuerst eine kritische Auseinandersetzung, keine Moralpredigt und kein Scherbengericht. Erinnern bedeutet zugleich Distanz und Nähe: Was erinnert wird, ist vergangen, es war. Zugleich wird es zurückgeholt, es ist also. Diese

Spannung bleibt: vergangen, aber nicht verdrängt; gegenwärtig, aber doch vergangen. Genau das ist Erinnerung: vergangen, aber noch nicht fort.

Die vorausgegangenen Seiten können den Eindruck erweckt haben, als sei Erinnerung eine schwierige Angelegenheit. Dabei ist Erinnerung eine herrliche Sache. Ich schwelge in Erinnerungen. Ich erinnere mich gerne an Begegnungen, ob zufälliger Art wie auf Reisen oder länger und vertrauter. All das reicht bis in die Träume, diese besondere und unberechenbare Art der Erinnerung. Gerade hier zeigt sich, daß Vergangenheit an uns noch nicht vorbeigegangen ist; daß wir im Traum noch dessen innewerden – wie es das Wort „Erinnerung" bedeutet -, daß an uns etwas geschieht. Das ist das Eigenartige der Erinnerung. Erinnern bedeutet zugleich Distanz und Nähe. Doch wie ist es, wenn jemand – etwa durch Gedächtnisschwund, durch eine Krankheit – abgeschnitten ist von der eigenen Vergangenheit und damit von seiner Identität, geschichtslos, also gleichsam orientierungs- und hilflos? Hier wird deutlich: Wir leben durch und aus unserem Gedächtnis, oft mehr als aus unserem aktuellen Bewußtsein. Darin liegt eine riesige Chance: Wir können, wir dürfen – ja vielleicht wollen wir – uns an alles erinnern. Wir brauchen nichts zu verdrängen, wir müssen nichts verleugnen und auch nicht alles verstehen. Wir erinnern uns nur.

Kultur und Identität

Von Völkern mit langer Geschichte und einem ausgeprägten Bewußtsein von dieser Geschichte als einem Prozeß kollektiver Lebensgestaltung und -deutung sagt man, sie hätten eine hochste-

hende Kultur. Man kann Kultur bezeichnen als das gewachsene System der Auseinandersetzung des Menschen mit der Welt; des Menschen als Individuum, stärker aber noch in Gemeinschaft, im Sozialverband; denn Welt gestalten läßt sich nur im Miteinander, in der Ergänzung der je eigenen Kräfte und Möglichkeiten des einzelnen. Zugleich wird im Miteinander die bei der Weltgestaltung gemachte Erfahrung ausgetauscht und so bewußt gehalten. Sie wird schließlich weitergegeben an die nachkommende Generation und wird auf diese Weise weiterentwickelt und vervollkommnet. Unser technisches Bemühen, unsere Entwicklung von Weltbildern und -modellen baut auf der Vorarbeit ungezählter Generationen auf, deren kollektive Erfahrung wir uns nutzbar machen, bevor wir sie an die folgende Generation weitergeben. Auch diese Erfahrung gehört zu den Ressourcen, mit denen wir pfleglich umgehen müssen, wollen wir nicht die Lebensgrundlagen und -chancen unserer Nachfahren gefährden.
Durch die ständige Vergewisserung der kollektiven, auf die Lebens- und Weltgestaltung ausgerichteten Erfahrung wird Identität gestiftet: ein Wir-Gefühl, dem sich jeder ohne Aufgabe seiner Individualität anschließen, mit dem er übereinstimmen kann. So entsteht Tradition im doppelten Sinn: Weiterzugebendes und Weitergabe. Die Geschichte zeigt, daß immer dort, wo dieser Prozeß der kollektiven Erinnerung und Weitergabe unterbrochen wurde und nicht wieder aufgenommen werden konnte, eine Kultur verfiel und unterging. Das kann geschehen in der Begegnung verschiedener Kulturen, wenn eine sich als derart dominierend erweist, daß alle anderen davor kapitulieren bzw. aufgesogen werden. So hat man lange die Begegnung etwa zwischen abendländischer Kultur und Eingeborenenkulturen der

„Dritten Welt“ gesehen und gedeutet. Meistens sind die traditionellen Kulturen aber in den Untergrund gedrängt worden und haben dort überlebt, indem sie fremde Einflüsse integriert haben. Das war und ist meistens mit einem längeren Prozeß der Verunsicherung und des Identitätsverlustes verbunden. Daneben gab und gibt es Versuche, gewaltsam eine Kultur zu unterdrükken bzw. zu zerstören, um eine andere Sinnstiftung den Menschen aufzuzwingen. Als Beispiel können dienen die chinesische „Kulturrevolution“ (1966-1976), der „Steinzeitkommunismus“ der Roten Khmer in Kambodscha (1975-1979) und die „ethnischen Säuberungen“ im ehemaligen Jugoslawien und im Südsudan. Menschen, ja ganzen Völkern sollte das Rückgrat gebrochen werden, ihre Identität, die auf der lebendigen Erinnerung und Vergewisserung beruht, um sie so zu schwächen und gefügig zu machen.
Hier wird deutlich, daß Kultur nicht etwas Schöngeistiges darstellt, gar ein Luxus, den sich nur Reiche – Individuen wie Gesellschaften – leisten können. Kultur ist Identität, die auf der Erinnerung beruht und von der Gemeinschaft getragen und weitergeführt wird.

Sprache und Erinnerung

Wenn wir von Kultur sprechen, meinen wir meistens unbewußt bestimmte kulturelle Leistungen: Denksysteme und Philosophien, Gedichte und Dramen, Werke der bildenden Kunst. Das alles sind kulturelle Leistungen, aber eher einzelne Triebe am Baum einer bestimmten Kultur. Der Vergleich einer Kultur mit einem Baum hat etwas für sich: Kultur hat Wurzeln und lebt aus ihnen, wie ein Baum. Kultur wächst, erstarkt und breitet sich aus. Kultur bringt Blüten hervor, läßt aber auch manches absterben, damit Neues wachsen kann, ohne daß die Identität des Ganzen verloren geht. Dieser ständige Rückbezug auf das Gewesene und Gewachsene ist für Kultur unerläßlich. Der Mensch stellt diesen Rückbezug immer neu her durch die Erinnerung, die er lebendig hält, indem er sich ihrer in der Sprache und damit im Austausch vergewissert. Diese Sprache besteht nicht nur aus Begriffen, die definiert sind, sondern ebenso, ja in größerem Umfang aus Bildern, die das Gemeinte anschaulich machen. Der Mensch nimmt das meiste aus seiner Umwelt mit den Augen, also als Bilder wahr. Diese Bilder sind nicht nur detailgetreue Abbildungen, sondern werden bald zu Deutungen, zu Symbolen. „Die Bilder, die wir in uns aufnehmen, treffen dort auf längst vorfindliche Bilder, von denen wir im letzten nicht wissen, wie sie in unsere Seele gekommen sind. Man nennt sie Urbilder oder Archetypen" (B. Doppelfeld, Symbole I: Bilder des Menschen, MKS 69, Münsterschwarzach 1992, 9). Um diese Bilder austauschen zu können, müssen wir sie in Worte fassen, weil wir nur auf dieser Ebene kommunizieren können. Da der wohl größte Teil unserer Erfahrung aus Bildern und der geringere aus Begriffen oder Definitionen besteht, wird vieles nicht ausgesprochen und wird nicht ausdrücklich. Das dient nicht zuletzt dem Schutz des Menschen. Von der im positiven subversiven Kraft der Bilder spricht George Orwell in seinem Zukunftsroman „Neunzehnhundertvierundachtzig", wenn er dort seinen Helden über eine Kindheitserinnerung und damit ein Relikt aus der alten, der bekämpften Zeit und Kultur nachdenken läßt: „Er verbannte das Bild aus seinen Gedanken. Es war eine falsche Erinnerung. Gele-

gentlich suchten ihn falsche Erinnerungen heim. Sie schadeten nichts, solange man sie als das erkannte, was sie waren" (G. Orwell, Neunzehnhundertvierundachtzig, Zürich 1950, 285).
Über die Sprache ist der Mensch am stärksten und sichersten in seinem Denken zu beeinflussen, denn in der Sprache wird das Denken, das auf dem Erinnern beruht und von ihm ausgeht, ausgedrückt. Wer die Sprache beherrscht, beherrscht auch das Denken. Die Sprache ist ein Herrschaftsinstrument von der Verständigung bis zur Weltgestaltung. Was im Laufe der Geschichte und in neuerer Zeit immer wieder und mit Erfolg versucht und durchgesetzt wurde, beschreibt Orwell in seinem Zukunftsroman treffend: „Es war vorauszusehen, daß im Laufe der Zeit die Besonderheiten der Neusprache immer mehr hervortreten würden – es würde immer weniger Worte geben und deren Bedeutung immer starrer werden. Auch würde die Möglichkeit, sie zu unlauteren Zwekken zu gebrauchen, ständig geringer werden. Sobald die Altsprache ein für allemal verdrängt war, war auch das letzte Bindeglied mit der Vergangenheit dahin. Die Geschichte war schon umgeschrieben worden" (G. Orwell, 293).

Zwischen Nostalgie und Phantasie

Die Erinnerung ist keine absolute oder objektive Größe. Das dürfte aus dem vorausgehend Gesagten deutlich geworden sein, und davon wird im nächsten Kapitel noch eingehender zu handeln sein. Die Erinnerung ist eine sehr persönliche Angelegenheit des Individuums. Schon wie jemand etwas erlebt und empfindet, ist unterschiedlich, weil die geistige und seelische Struktur der Menschen sehr verschieden sein kann. Nicht Fakten werden objektiv oder neutral wahrgenommen und vor Einflüssen gesichert aufbewahrt. Immer spielt das Subjekt, der konkrete Mensch eine Rolle; er wertet – bewußt oder unbewußt – was er erlebt, was ihm widerfährt, was er wahrnimmt. Und in der Spannweite aller möglichen Bewertungen spiegeln sich die unterschiedlichen Erinnerungen wider. Was den einen kaum berührt und deshalb in seiner Erinnerung eine geringe oder gar keine Rolle spielt, prägt sich dem anderen tief ein und beschäftigt ihn später wieder, weil er es intensiv – ob positiv oder negativ – erfahren hat und so behält. An dieser Einschätzung und der daraus folgenden Prägung des Gedächtnisses ist im nachhinein kaum etwas zu verändern, auch wenn Gefühl oder Vorurteil als solche erkannt werden. So reicht die Spannweite der Erinnerung von der Nostalgie bis zum Trauma. Ähnliches gilt für das Gegenstück der Erinnerung, für die Erwartung und Sehnsucht nach der Zukunft, die sich bis zur Phantasterei verirren kann. Der Mensch steht im Schnittpunkt dieser Extreme; er kann zu beiden neigen und ist manches Mal hin- und hergerissen. Und doch ist das Verhältnis dieser beiden Flügel nicht ausgeglichen: Das Belastende, Bedrohliche überwiegt. Das gilt für die Erinnerung mit ihren Albträumen wie für die Hoffnung oder Erwartung mit ihren Zukunftsängsten.

Erinnerung braucht Mut. Zu leicht und schnell erliegt der Mensch der Versuchung, zu verdrängen oder zu leugnen, zu überspielen oder zu verharmlosen, zu glorifizieren oder sich selbst zu belügen. Die Erinnerung, vor allem die eigene, ist nicht unbestechlich; sie läßt sich leicht manipulieren. Deshalb bedarf es einer Vorentscheidung und darauf aufbauend einer Entschiedenheit den eigenen guten Vorsätzen gegenüber: Ich stelle mich dem, was war; denn „es war“ nicht nur und ist nicht nur „passiert“! Ich habe so gehandelt; ich trage Verantwortung; ich bin schuldig geworden. Erinnerung muß immer als Ganzes gelten, ohne Ausblendungen. Dazu braucht es Gelassenheit; und die wieder hat zur Vorbedingung, daß ich in der Erinnerung alles zulasse, keine „Leichen im Keller“ verstecke, keine blinden Flecken zulasse.

Einige Fragen zur Besinnung und Übung:
- Was fällt mir spontan ein zu:
  - bestimmten Namen (Personen, Orte, Länder, Zeiten)?
  - bestimmten Stichworten und Begriffen?
  - Ereignissen und Jahreszahlen?

- Woran erinnere ich mich am liebsten?
- Wonach sehne ich mich?
- Wovor habe ich Angst? (vor wem oder was?)
- Wo werde ich lebendig?
- Was aus der Erinnerung beflügelt mich?
- Was verdränge ich?
- Was grenze ich aus?
- Was aus der Erinnerung erschreckt mich?

Wider das Vergessen

Fast jeder klagt über Vergeßlichkeit. Entsprechend zahlreich sind die Witze über Vergeßliche. Einerseits ist es ja gut, wenn man über eine so weit verbreitete Schwäche lachen kann, gerade auch, wenn sie einen selbst betrifft. Andererseits hat der Vergeßliche oft nichts zu lachen. Er vergißt und verpaßt nicht nur Wichtiges, sondern hat zudem den Spott auszuhalten, wenn er zu spät kommt. Wem wäre es nicht schon so gegangen? Gegen die Vergeßlichkeit scheint kein Kraut gewachsen zu sein. Es gibt zwar Mittel, doch die helfen mehr dem allgemeinen Wohlbefinden, der Durchblutung des Gehirns und schränken im besten Fall die Verkalkung ein bzw. zögern sie hinaus. Physiologisch sind dem Kampf gegen die Vergeßlichkeit ziemlich enge Grenzen gesetzt. Es bleibt das Trainieren des Gehirns, der gesunde Lebenswandel überhaupt und die Unterstützung der Durchblutung des Gehirns.

Vergessen ist aber nicht nur ein medizinisches Problem, nicht nur eine physische Schwäche oder Begrenzung. Vergessen hat oft mit Verdrängen zu tun, einem Zurückdrängen dessen, was von sich aus ins Bewußtsein drängt, dort aber nicht willkommen ist und deshalb oft, schon bevor es bewußt werden kann, verdrängt wird. Diese Verdrängung kann sehr wirksam sein, nicht zuletzt deshalb, weil es oft lange braucht und ein großes Maß an Selbsterkenntnis und -kritik erfordert, bis die Verdrängung erkannt wird. Es ist ähnlich wie mit dem Hören: Was wir nicht hören wollen, hören wir dann auch nicht. Schon kleine Kinder entwickeln diese Fertigkeit: Die Mutter kann noch so oft und laut rufen; solange das Spiel interessant oder das Buch spannend ist, nimmt das Kind gar nicht wahr, daß es gerufen wird. Genauso beim

Zeitgefühl: Dem Glücklichen schlägt keine Stunde, sagt das Sprichwort. Das Kind, aber auch der Erwachsene, vergißt alles um sich herum und denkt gar nicht mehr daran, daß es schon längst hätte heimgehen müssen. Dabei handelt es sich oft gar nicht um ein bewußtes Verdrängen; etwas anderes hat sich vorgedrängt und füllt das Bewußtsein aus, so daß alle guten Vorsätze und Versprechen vergessen sind, nicht mehr erinnerlich, weil der Mensch ihrer nicht mehr inne wird. Das erklärt vielleicht ein wenig, warum das Vergessen so weit verbreitet ist, so leicht geschieht und wir uns ihm gegenüber so hilflos fühlen.
Helfen kann gegen dieses „natürliche“ Vergessen die Erinnerung, die Anstöße von außen bekommt, also nicht uns überlassen ist und damit wieder von unserem Gedächtnis abhängt. Die einen machen einen Knoten ins Taschentuch, die anderen stellen den Wecker oder haben einen solchen praktischerweise in ihrer Armbanduhr. Wieder andere behelfen sich mit kleinen Notizzetteln oder lassen sich per Telefon an wichtige Termine erinnern. Das alles ist hilfreich, reicht aber meistens nicht aus. Wir klagen weiter über unsere Vergeßlichkeit und leiden an ihr. Der Grund muß tiefer liegen.

„Das kannst du vergessen!“

Dieser Satz, oft als lockere Bemerkung hingeworfen, ist ernster, als er zunächst klingt. Bewußt etwas oder gar jemanden vergessen, ihn nicht der Erinnerung und damit der Wahrnehmung für wichtig oder wertvoll empfinden, kommt in letzter Konsequenz einem Todesurteil gleich, wie im vorausgegangenen Kapitel im Zusammenhang mit Kultur und Identität deutlich geworden ist. Woran man nicht mehr denkt, an wen man sich bewußt nicht mehr erinnert, der gehört nicht mehr dazu, ja der existiert in der Gesellschaft nicht mehr. Man wird seiner nicht mehr inne, nicht aus Vergeßlichkeit, sondern ganz bewußt: Er wird nicht mehr gebraucht, er ist überflüssig. Warum noch einen Gedanken an ihn veschwenden?

Wenn wir die Massenmedien daraufhin einmal kritisch anschauen, dann merken wir, wie weit verbreitet eine solche Haltung und Einstellung ist. Was im Moment nicht für Schlagzeilen sorgt, sich nicht als Neuigkeit verkaufen läßt, wird vergessen. Die Stammesfehden und Kriege der 90er Jahre in Zentralafrika sind dafür ein anschauliches Beispiel: Als in Ruanda, einem der kleinsten Länder Afrikas, ein Bürgerkrieg ausbrach, waren die Medien voll von dem dortigen grauenvollen Geschehen. Ein Land, von dem die wenigsten Fernsehzuschauer bei uns wußten, daß es überhaupt existiert, geschweige denn, wo es liegt, war plötzlich in aller Munde. Die Schreckensnachrichten sorgten dafür, daß sich das Mitleid diesen Menschen zuwandte. Entsprechend groß war die Bereitschaft zur Hilfe; so groß, daß manche Hilfsorganisation die Mittel, die ihr plötzlich großzügig gespendet wurden, gar nicht sogleich sinnvoll einsetzen konnte. Und dann waren die Bilder plötzlich von den Bildschirmen und Titelseiten verschwunden. Andere Nachrichten drängten in die Medien; andere Nöte erhielten Priorität – bis nach einiger Zeit in Ruanda und der Region wieder Spektakuläres geschah und die Menschen dort aus der Vergessenheit wieder ins Rampenlicht der Weltöffentlichkeit gerückt wurden. Was so schnell ins Bewußtsein gehoben wird, muß damit rechnen, ebenso schnell wieder in Vergessenheit zu geraten. Das Erschreckende daran ist nicht, daß Menschen in Not übersehen oder vergessen werden und daß wir kaum in der Lage sind, alle Not im Auge zu behalten, geschweige denn uns überall zu engagieren. Erschreckend ist vielmehr, daß Vergessen, Gedankenlosigkeit, Desinteresse und Überfütterung mit Nachrichten zur Folge haben können, daß Menschen sterben, daß sie buchstäblich vergessen werden – nicht einmal böswillig, sondern „nur", weil man nicht mehr an sie denkt. Und daß wir dem im Grunde hilflos gegenüberstehen, vielleicht ein schlechtes Gewissen haben, im Grunde aber unfähig sind, an unserer Vergeßlichkeit und ihren – in diesem Fall tödlichen – Folgen etwas grundlegend zu ändern.

„Damit habe ich nichts zu tun"

Es gibt ein anderes Vergessen, eines das von ganz anderer Qualität ist als das vorausgehend an einem Beispiel der Katastrophenhilfe geschilderte Vergessen: Ein Kind hat ein schlechtes Gewissen, wenn es etwas angestellt hat und dabei erwischt worden ist. Es schämt sich, bemüht sich aber auch, das Geschehene zu vergessen und vergessen zu machen. Wir sprechen dabei von der Verdrängung, einer „Technik", die nicht nur Kinder trainieren, sondern die die meisten Erwachsenen ziemlich gut beherrschen. Was mir passiert ist, ja was mir sogar als persönliche Schuld bewußt geworden ist und wofür ich geradestehen muß, das paßt so gar nicht in das Bild, das ich von mir selbst habe und meiner Umgebung zeigen will. Wenn wir unsere Fehler, unsere Schuld schon nicht leugnen oder vertuschen können, dann wollen wir sie zumindest kleiner und harmloser erscheinen lassen, damit man sie baldmöglichst vergißt und wir uns ihrer nicht mehr schämen müssen. Wir gehen auf Distanz zu dem, was doch wir getan und wodurch wir schuldig geworden sind. Wir gliedern gleichsam unsere Schuld aus uns selbst aus, machen sie zu einer Sache, die passiert ist, die notfalls wieder gutgemacht werden muß. Wir schieben die Schuld von uns weg, drängen sie aus unserem Leben und vor allem aus unserem Bewußtsein. Wir verdrängen. Das vollzieht sich auf zwei Ebenen: in der Öffentlichkeit, wo wir darauf bedacht sind, daß das Geschehene („es ist halt passiert") möglichst nicht mehr mit uns in Verbindung gebracht wird, sondern unpersönlich wird; und wir verdrängen es aus unserem Innern, aus unserem Bewußtsein, aus unserem Herzen, aus unserem Gedächtnis. Das gelingt allerdings in den seltensten Fällen völlig, denn im Grunde haben wir ein gutes Gedächtnis, und was uns so geschockt hat wie eine öffentliche Bloßstellung, eine wirkliche Blamage, das hat sich unserem Gedächtnis tief eingeprägt und läßt sich wohl nicht mehr völlig vergessen. Aber es zurückzudrängen können wir uns bemühen; und das kostet auch einige Mühe, ohne daß der Erfolg sicher ist. Irgendwann wird jemand auf unsere Schuld und ihre Folgen stoßen und sie vielleicht gegen uns verwenden. Noch sicherer ist, daß wir plötzlich davon träumen und diese Erinnerung zum Albtraum werden kann.

Was hier an einem ganz normalen Beispiel ein wenig ausgeführt worden ist, wiederholt sich ungezählte Male nicht nur im persönlichen Bereich mit mehr oder weniger Schuld, die rein rechtlich auch relevant ist; das gab und gibt es auch im öffentlichen Leben einer Gesellschaft, in der Politik und zwischen Ländern und Völkern, sehr deutlich beispielsweise in Kriegen. Die deutsche Geschichte im Dritten Reich mit der Judenverfolgung bis zum Holocaust und den Greueln auch an anderen Völkern ist vielleicht das deutlichste Beispiel unseres Jahrhunderts. Es gab aber auch – wie in anderem Zusammenhang bereits erwähnt – Kulturrevolutionen und Vernichtungskriege und gibt sie auch heute noch, um nur das bereits genannte Zentralafrika noch einmal zu erwähnen.

In allen diesen Fällen spielte oder spielt die Verdrängung eine wichtige Rolle: „Damit habe ich nichts zu tun. Das habe ich nicht gewußt. Dagegen hätte ich doch nichts machen können."

Hier geht es nicht nur, ja nicht einmal in erster Linie um die persönliche Schuld des einzelnen, sondern um die verweigerte Erinnerung, um das Vergessen-Wollen um jeden Preis und damit um Verdrängung, die nur gelingen kann durch massive und ständig wiederholte Leugnung: „Es war doch gar nicht so schlimm" – weil nicht sein kann, was nicht sein darf.

Die deutsche Geschichte nach dem Holocaust des Dritten Reiches zeigt, daß der Prozeß des Erinnerns heilsam, ja unersetzlich ist. Sie zeigt aber auch, wie schmerzlich und mühsam solch heilsames Erinnern ist. Es hat zu tun mit der Erkenntnis und dem Eingeständnis, daß man sich nicht bloß vertan und geirrt hat oder daß man getäuscht worden ist, sondern daß man – persönlich oder kollektiv – Schuld auf sich geladen hat. Das verletzt nicht nur den Stolz, sondern stellt das Individuum wie das Volk in seiner Ehre und Integrität in Frage. Wie beim einzelnen vollzieht sich ein Prozeß der Läuterung nicht ohne Scham. So schmerzlich dieser Weg der Erinnerung auch sein mag, es gibt keine Alternative: außer der Verdrängung.

Zur Vergangenheitsbewältigung muß die Verarbeitung der Gegenwart und der jüngsten Vergangenheit hinzukommen. Wie wir jetzt leben, was wir tun, wie wir es tun und ob wir tun, was getan werden muß – das alles müssen wir kritisch anschauen und begleiten, damit den Anfängen von Verdrängung gewehrt wird und es erst gar nicht zu einer unaufgearbeiteten Vergangenheit kommt. Wir müssen sensibel sein für das, was wir tun, wie wir handeln, ja vorausgehend bereits: Wie wir denken und urteilen. Wir müssen uns unserer Gefühle bewußt sein, sie zulassen und anschauen. Erinnern bedeutet nicht einen Prozeß, der irgendwann später einmal einsetzt, möglicherweise erst dann, wenn schon manches schief gelaufen ist. Wie es im persönlichen Leben eine regelmäßige „révision de vie" gibt, so muß auch die Gesellschaft – und in dieser jede größere Gruppe, also auch die Kirchen – eine Form der Besinnung finden und einen begleitenden Prozeß der Erinnerung einleiten.

Diese Weise des Erinnerns kann man vielleicht am besten mit dem Wort „insistieren" umschreiben, einem Begriff, der in der Pädagogik früher eine größere Rolle gespielt hat, dann aber weitgehend in Vergessenheit geriet, wohl weil er manchem zu repressiv erschien. Insistieren bedeutet nicht Sturheit oder Rechthaberei, sondern meint eine – meist von außen kommende – Erinnerung, die einer latenten Bequemlichkeit, Unentschlossenheit oder auch Faulheit entgegentritt. In der Tradition hat es diese Form von Erinnerung bereits gegeben. In klösterlichen Gemeinschaften spielte in diesem Bereich die „correctio fraterna", die brüderliche Zurechtweisung eine wichtige Rolle. An späterer Stelle, im Zusammenhang mit dem Mönchtum und der Regel des heiligen Benedikt wird davon noch die Rede sein. Hier soll der Gedanke genügen, daß für den einzelnen eine Begleitung im guten Sinn von kritischer Unterstützung und als „Blick von außen" hilfreich sein kann. Jeder hat seine Einseitigkeiten und blinden Flecken; jeder ist in Gefahr, bestimmte Bereiche seines Lebens und Verhaltens auszublenden oder zu verdrängen. Da hilft eine kritische Begleitung, die das Erinnern durch Insistieren verstärkt.

„Denk an mich!"

Von den drei synoptischen Evangelien überliefert nur der Bericht des Lukas eine Begebenheit im Zusammenhang mit der Kreuzigung Jesu: Während das Volk und die Soldaten den sterbenden Jesus verspotten, ja selbst einer der beiden Mitgekreuzigten ihn verhöhnt, bittet der andere Schächer: „Jesus, denk an mich, wenn du in dein Reich kommst", und erhält das Versprechen: „Amen, ich sage dir: Heute noch wirst du mit mir im Paradies sein" (Lk 23,42f). In der schlimmsten Erfahrung der Verlassenheit klammert sich der verurteilte Verbrecher an die einzige Hoffnung, die ihm bleibt: daß es auf der anderen Seite des Todes ein neues Leben gibt, die Hoffnung, doch nicht ganz vergessen und damit verloren zu sein. Dieses „Denk an mich" ist seither unzählige Male wiederholt worden und das nicht nur im Angesicht des Todes. „Denk an mich" – das ist der Aufschrei dessen, der Angst hat, daß sich niemand seiner erinnert, er vielmehr aus dem Bewußtsein und aus der Gemeinschaft der Menschen herausgefallen ist oder herausfallen könnte. „Denk an mich" ist der Aufschrei aller Verlassenen und Vergessenen in der Angst drohender Einsamkeit. Wir leben zu einem guten Teil von und in der Erinnerung anderer Menschen. Das ist mehr als nur ein Gefühl oder ein frommer Wunsch. Der liebende Gedanke, die Erinnerung an gemeinsam Erlebtes, das Bewußtsein, daß da noch jemand ist, der an mich denkt, dem ich etwas bedeute – das alles ist quantitativ zwar nicht meßbar; und trotzdem bedeutet es menschlich viel.

Wie stark die Angst vor dem Vergessenwerden und Vergessensein werden kann, ist mir zum erstenmal richtig in Afrika aufgegangen. Es mag dort bei den meisten Völkern und Stämmen keine Friedhöfe und Grabsteine geben; trotzdem ist es ganz wichtig, daß die verstorbenen Mitglieder der Großfamilie in der Erinnerung lebendig erhalten bleiben. Wer gut gelebt hat, indem er seinen Beitrag zum Leben, zur Weitergabe des Lebens und damit zum Überleben geleistet hat, der geht in die Erinnerung ein und bleibt dem Clan verbunden als Ahne, der verehrt wird. Wer kinderlos gestorben ist, wird am schnellsten vergessen. Es ist ja niemand da, der sich dem Verstorbenen verdankt und ihn deshalb in Ehren hält. Es ist niemand da, dem sein Name gegeben werden kann, damit die Nachkommen sich seiner erinnern. Es ist, als hätte er überhaupt nicht gelebt. In manchen Gegenden wird ein kinderlos gestorbener Mann nicht einmal richtig begraben, sondern nur verscharrt wie ein gleich nach der Geburt gestorbener Säugling. Wer aber seine Sippe vergrößert und damit vorangebracht hat, wer viele Kinder gezeugt und in den Beratungen des Dorfes mitgedacht und mitgesprochen hat, damit der Bestand und die Zukunft der Sippe gesichert ist, der wird nicht vergessen. Sein Name lebt weiter durch viele Generationen; von ihm wird erzählt, wenn man abends zusammensitzt; er wird eine historische Persönlichkeit, auch ohne daß seine Geschichte oder seine Lebensdaten nur ein einziges Mal aufgeschrieben worden sind. Für den Afrikaner bedeutet Trauern immer auch: sich erinnern. Seine

Ehre besteht darin, daß man sich seiner erinnert, seinen Namen in Ehren hält und diesen Namen einem Enkel oder Urenkel gibt, damit der Vorfahr nicht nur erinnert wird, sondern weiterlebt.

Eine heute manches Mal vergessene oder vernachlässigte Form der Erinnerung sei im Zusammenhang mit der Bedeutung der Erinnerung in traditionellen schriftlosen Gesellschaften wie denen des alten Afrika noch erwähnt: die Trauer. Viele Menschen wagen kaum, Gefühle zu zeigen, manchmal nicht einmal, Gefühle zu haben. Trauer, hier vor allem über den Verlust eines lieben Menschen durch den Tod, gehört zu den starken Gefühlen, denn Trauer hat direkt mit dem das Leben bedrohenden Tod zu tun. Trauern bedeutet deshalb zunächst: den Tod zugeben, wahrhaben, daß da ein lieber Mensch gestorben ist. Trauer ist persönlich bezogen auf den konkreten Menschen, auf seine Person. Er wird nicht vergessen, nicht in dem, was er war und was er getan hat, und auch nicht in dem, was sein Tod für die Hinterbliebenen bedeutet, auch wenn die Erinnerung Schmerz bedeutet. Trauer kann aber nur von dieser Qualität sein, wenn der Glaube – oder wenigstens eine Ahnung und Hoffnung – da ist, daß dieser Tod nicht das Ende ist, nicht das Aus bedeutet, sondern daß es eine andere Ebene gibt, auf der Gemeinschaft über den Tod hinaus existiert.

Die Kraft der Erinnerung

Eine der wirkungsvollsten Methoden, einen Menschen zu vernichten, besteht darin, ihn totzuschweigen. Die totalitären Systeme haben sich dieses Mittels „erfolgreich“ bedient. Wer vergessen ist, wer aus der Erinnerung verbannt wurde, der ist lebendig begraben. Aber es gibt auch das Gegenteil: An jemanden erinnern, bedeutet, ihn ins Leben zurückrufen, ihn auferwecken. Was totalitäre Systeme im großen Stil und bis zur physischen Vernichtung fertigbrachten und -bringen, können in erschreckendem Maße auch Mitmenschen: Einen Menschen schneiden, ihn permanent übersehen oder übergehen, ihn leugnen und sich ihm gegenüber verleugnen lassen, das tötet Stück für Stück etwas in ihm und begräbt ihn schon zu Lebzeiten. Aber glücklicherweise gilt auch das Gegenteil: Jemanden in der Erinnerung behalten, den Kontakt mit ihm suchen, auf ihn zugehen, ihn in die Gemeinschaft einbeziehen, läßt diesen Menschen aufleben, macht ihn lebendig. Erinnern hat Kraft und weckt Kraft.

„Wenn ich dich je vergesse, Jerusalem“

Die Bibel ist das große Erinnerungsbuch. Sie erzählt von der Erschaffung der Welt bis zum Leben der ersten christlichen Gemeinden und blickt in der Apokalypse bis zum Ende der Zeiten. In der Bibel kommen Gott und die Menschen zu Wort: im Wort zueinander und miteinander, im Wort füreinander und übereinander und im Wort gegeneinander, so wenn Ijob mit Gott streitet (vgl. Ijob 10). Die Bibel enthält nicht nur die Geschichte Gottes mit den Menschen, sondern sie erzählt diese Geschichte, deutet sie und aktualisiert sie. Es gibt in der Weltliteratur kein vergleichbares Werk, wohl umfangreichere Schriften. Man könnte die Bibel bezeichnen als das Epos des Zueinanders und Miteinanders von Gott und Mensch, nicht nur ein historischer Roman, sondern ein Anleitungsbuch für das Leben des Menschen mit Gott, mehr eine Beschreibung als eine Lehre, mehr ein Übungsbuch für das Leben als ein Moralkodex. An diesem Buch haben Gott und Menschen geschrieben, und es läßt sich nicht immer genau auseinanderhalten, was Gottes Schriftzüge und was die Handschrift des Menschen sind. „Gottes Wort im Menschenwort“, so hat man gern die doppelte Autorenschaft der Bibel umschrieben, wohl eine bessere Formulierung als der Versuch, Gottes und des Menschen Beitrag zu scheiden in Geist und Buchstaben. Doch uns soll nicht so sehr die Form, die eigenartige doppelte Autorenschaft der Bibel interessieren, sondern mehr ihr Inhalt: Wie Gott sich den Menschen offenbart hat, was er ihnen gesagt hat, immer wieder sagen mußte; wie er sie erinnerte, gegen ihre Gleichgültigkeit, Vergeßlichkeit und Verdrängung kämpfen mußte. Es gibt in der Bibel viele Wiederholungen: Zeichen der Pädagogik

Gottes und der Dickköpfigkeit der Menschen, vom einzelnen bis zu Gottes auserwähltem Volk. Die Bibel berichtet von Mißverständnissen und bewußten Fehldeutungen, von Taubheit und vorgetäuschter Dummheit. Sie zeigt uns Gott einmal als den geduldigen, liebenden Vater, dann als den enttäuschten Liebhaber und als furchterregenden, strafenden Allmächtigen. Die Bibel ist ein spannendes Buch, kein Roman, aber eine überaus vielfältige und realistische Beschreibung des Lebens einzelner Menschen wie ganzer Völker. Die Bibel ist prall von Leben; sie erinnert und regt an. Sie ist auch ein psychologisches Buch, frei von Theorien und Modellen, dafür angefüllt mit Lebensgeschichten der unterschiedlichsten Typen. Die Bibel ist ein spannendes Buch, denn sie handelt vom Menschen nicht weniger als von Gott, vielmehr grundsätzlich von beiden miteinander. Sie ist lebensnaher als ein Roman und lehrreicher als jedes pädagogische Werk. Die Bibel ist die Geschichte einer Partnerschaft, im besten und umfassendsten Sinn ein Buch, wie es das Leben schreibt: das Buch von Gott und Mensch, die voneinander nicht lassen können.

Einer, der diese Spannung zwischen Gottesnähe und Gottesferne schmerzlich erfahren hat, der Verfasser des 137. Psalmes, schreit sein Heimweh nach Gott und dem Tempel auf Zion heraus in der Not der Verbannung: „Wenn ich dich je vergesse, Jerusalem, dann soll mir die rechte Hand verdorren!“ (Ps 137,5). Doch Gott vergißt den Menschen, sein Geschöpf und Ebenbild, nicht, wie er durch den Propheten Jesaja verkündet: „Ich habe dich geschaffen, du bist mein Knecht; Israel, ich vergesse dich nicht“ (Jes 44,21). „Doch Zion sagt: Der Herr hat mich verlassen, Gott hat mich vergessen. Kann denn eine Frau ihr Kindlein vergessen, eine Mutter ihren leiblichen Sohn? Und selbst wenn sie ihn vergessen würde: ich vergesse dich nicht!" (Jes 49,14).

Es gibt eine Form des Vergessens, die nicht nur legitim, sondern verpflichtend sein kann: um der eigenen Person und ihrer Entwicklung willen. Paulus schneidet dieses Thema an im Brief an die von ihm gegründete Gemeinde in Philippi in Mazedonien. Er spricht da von seiner Sehnsucht nach voller Gemeinschaft mit Christus und von dem Weg, den er zu diesem Ziel eingeschlagen hat: „Ich vergesse, was hinter mir liegt, und strekke mich nach dem aus, was vor mir ist" (Phil 3,13). Vergessen bedeutet hier nicht verdrängen, sondern loslassen und zurücklassen, um frei zu werden für das Neue, das Größere, für das persönliche Wachsen.

Das große Buch der Erinnerung

Die Bibel ist das Buch von Gott und dem Menschen, immer von beiden zusammen, nicht unbedingt immer miteinander, aber immer aufeinander bezogen. Manchmal muß Gott an die Menschen erinnert werden; so empfinden es zumindest diese. Und dann blasen sie Alarm mit ihren Trompeten: „So werdet ihr euch beim Herrn, eurem Gott, in Erinnerung bringen und vor euren Feinden gerettet werden" (Num 10,9). Es geht aber auch anders, leise statt mit Trompeten: Gott hört das wortlose Gebet des Bittenden in seiner Not, er denkt an ihn und erhört ihn. So hat es Hanna erfahren, die um einen Sohn bat und diesen, Samuel, Gott weihte. Der Herr dachte an Hanna, er erinnerte sich ihrer (vgl. 1 Sam 1,19). So war es vor Hanna schon Rahel gegangen, der Frau Jakobs und Mutter des Josef (vgl. Gen 30,22).

Mit buchstäblich allen Mitteln haben die Menschen versucht, Gott an sich und ihre Anliegen zu erinnern: mit Gold, das Mose und der Priester Eleasar in das Offenbarungszelt schleppten „als Zeichen, das den Herrn an die Israeliten erinnern sollte" (Num 31,54).
Offensichtlich muß aber der Mensch häufiger und deutlicher erinnert werden als Gott. Wenigstens sieht die Bibel es so. „Erinnert euch an das, was Mose, der Knecht des Herrn, euch geboten hat" (Jos 1,13). Und damit es nicht beim schlechten Gewissen bleibt: „So sind diese Steine ein ewiges Erinnerungszeichen für die Israeliten" (Jos 4,7). Für Petrus, der den Mund schnell zu voll nahm, wurde eine Erinnerung zur Beschämung – und zur Selbsterkenntnis: Unter Druck gesetzt, fühlte er sich plötzlich persönlich bedroht und schwor Stein und Bein: „Ich kenne den Menschen nicht. Gleich darauf krähte der Hahn, und Petrus erinnerte sich an das, was Jesus gesagt hatte: Ehe der Hahn kräht, wirst du mich dreimal verleugnen. Und er ging hinaus und weinte bitterlich" (Mt 26,74f). Erinnerung kann aber auch Mut machen und Kräfte mobilisieren. So erging es Judas dem Makkabäer und seinen Kämpfern bei der Verteidigung ihrer Freiheit und ihres Lebens: „Mit Worten aus dem Gesetz und aus den Propheten flößte er ihnen Mut ein, erinnerte sie auch an die Kämpfe, die sie schon bestanden hatten, und stärkte so ihren Kampfesmut" (2 Makk 15,9).

Die Erinnerung spielt eine große Rolle im christlichen Gottesdienst; darauf wird im Zusammenhang mit dem Abendmahl und der Feier der Eucharistie noch zurückzukommen sein. Doch nicht erst im Neuen Bund, sondern bereits im Alten Testament hatte der Gottesdienst die wichtige Funktion des Erinnerns, des Gedenkens an die früheren Großtaten Gottes, wie es in Psalm 145 heißt: „Groß ist der Herr und hoch zu loben, seine Größe ist unerforschlich. Ein Geschlecht verkünde dem andern den Ruhm deiner Werke und erzähle von deinen gewaltigen Taten. Sie sollen vom herrlichen Glanz deiner Hoheit reden; ich will deine Wunder besingen. Sie sollen sprechen von der Gewalt deiner erschreckenden Taten; ich will von deinen großen Taten berichten. Sie sollen die Erinnerung an deine große Güte wecken und über deine Gerechtigkeit jubeln" (Ps 145,3-7). Aber nicht nur der Mensch wird an Gott erinnert, auch Gott muß gelegentlich erinnert werden. So sieht es der Prophet Jesaja: „Auf deine Mauern, Jerusalem, stellte ich Wächter. Weder bei Tag noch bei Nacht dürfen sie schweigen. Ihr, die ihr den Herrn an Zion erinnern sollt, gönnt euch keine Ruhe, bis er Jerusalem wieder aufbaut, bis er es auf der ganzen Erde berühmt macht" (Jes 62,6f).

Jesus selbst hat seine Jünger immer wieder erinnert: an die Propheten des Alten Testamentes, an seine eigenen Taten und Werke. Die Jünger brauchten diese Erinnerung, weil sie nicht oder zu langsam verstanden, weil sie zu kurzsichtig waren, zu ängstlich: „Erinnert ihr euch nicht: Als ich die fünf Brote für die Fünftausend brach, wie viele Körbe voll Brotstücke habt ihr da aufgesammelt?" (Mk 8,18f). Jesus hat den Jüngern den Heiligen Geist als Beistand verheißen als seine in Raum und Zeit für immer hineinreichende Gegenwart: „Der Beistand aber, der Heilige Geist, den der Vater in meinem Namen senden wird, der wird euch alles lehren und euch an alles erinnern, was ich euch gesagt habe" (Joh 14,26). Und so war es dann auch, daß sie sich erinnerten: „Als er von den Toten auferstanden war, erinnerten sich seine Jünger, daß er dies gesagt hatte, und sie glaubten der Schrift und dem Wort, das Jesus gesprochen hatte“ (Joh 2,22).

„Diesen Tag sollt ihr als Gedenktag begehen“ (Ex 12,14)

Endlich hatte sich Gott seines Volkes erbarmt. Gestärkt durch die Feier des „Vorübergangs des Herrn“, geschützt durch das Heilszeichen an der Tür seiner Häuser brach Israel auf, um das Land der Knechtschaft hinter sich zu lassen. Für immer sollte dieser Tag in der Erinnerung wach gehalten werden. Und so ist es bis heute. Aus der Erinnerung hat Israel immer wieder Kraft geschöpft. Von der jährlichen Feier dieses Gedächtnisses, vom Pascha, wird noch die Rede sein. Für Israel wie für das auserwählte Volk des Neuen Bundes spielt das Gedenken eine große Rolle. Viel galt es zu gedenken: des Handelns Gottes an seinem, für sein und mit seinem Volk; der Gebote, die das Leben des einzelnen wie des Volkes bestimmen; und die Geschichte sollte wieder und wieder betrachtet werden, um aus ihr Mut zu schöpfen für die Zukunft und um Gott zu danken.
Das Gedenken hat für das Volk Israel zunächst eine historische Bedeutung: Gott denkt an seinen Bund (vgl. Ex 2,24), und das Volk erinnert sich seiner eigenen Verpflichtung: „Ihr sollt an alle meine Gebote denken und sie halten; dann werdet ihr eurem Gott heilig sein“ (Num 15,40). Doch wieder und wieder muß der Chronist berichten: „Die Israeliten dachten nicht mehr an den Herrn, ihren Gott, der sie aus der Gewalt all ihrer Feinde ringsum befreit hatte“ (Ri 8,34). Schon zur Zeit des Alten Testamentes war die Frage, ob der Mensch aus der Erfahrung, aus der Erinnerung und der Geschichte lernt. Im Lied des Mose heißt

es: „Denk an die Tage der Vergangenheit, lerne aus den Jahren der Geschichte! Frag deinen Vater, er wird es dir erzählen; frag die Alten, sie werden es dir sagen“ (Dtn 32,7).
Das Gedenken, das Leben aus und in der Erinnerung, das Bewußtsein von der Geschichte als Heils- und Unheilsgeschichte klingt vor allem in der Weisheitsliteratur auf, und da noch einmal besonders in den Psalmen: „Denkt an die Wunder, die er getan hat!“ (Ps 105,5; vgl. Ps 77,12). „Denkt an die Taten, die unsere Väter zu ihren Zeiten vollbrachten“ (1 Makk 2,51). „Denk an dein Erbarmen, Herr“ (Ps 25,6). „Denk nicht an meine Jugendsünden und an meine Frevel“ (Ps 25,7). „Denk an mich, Herr, aus Liebe zu deinem Volk“ (Ps 106,4). „Das Gedenken an dich, Herr, dauert von Geschlecht zu Geschlecht“ (Ps 135,13). Und immer wieder klingt die Angst durch, vergessen zu sein und ausgetilgt zu werden aus der kollektiven Erinnerung: „Bei den Toten denkt niemand mehr an dich“ (Ps 6,6), muß Gott sich sagen lassen, ein Aufschrei des Gläubigen, der sich mit dem Tod konfrontiert sieht und Gott bei dessen eigenem Interesse packen will: „Ich denke an dich auf nächtlichem Lager“ (Ps 63,7). „An den Strömen Babels saßen wir und weinten, wenn wir an Zion dachten“ (Ps 137,1).
In seiner Sterblichkeit und Vergänglichkeit wird der Mensch ganz persönlich mit seinen Grenzen konfrontiert, damit, daß er nicht ewig lebt, daß alles und er persönlich ein Ende hat: „Unser Name wird bald vergessen; niemand denkt mehr an unsere Taten“ (Weish 2,4). Darauf, aber auch schon auf die dunklen Seiten des Lebens und die schlechten Zeiten gilt es sich einzustellen: „Denk zur Zeit des Überflusses an die Zeit des Hungers, in den Tagen des Reichtums an Armut und Not“, rät Jesus Sirach (18,25).

Die Erinnerung an frühere, an bessere Zeiten war für Israel – und nicht nur für dieses Volk und die damalige Zeit – ein Ausdruck der Sehnsucht, mehr als nur Nostalgie, vielmehr Verlangen nach Heilung und Heil und ein persönlicher Hilferuf an Gott: „Herr, denk daran, was uns geschehen, blick her und sieh unsere Schmach!" (Klgl 5,1). „Das Herz geht mir über, wenn ich daran denke, wie ich zum Haus Gottes zog in festlicher Schar, mit Jubel und Dank in feiernder Menge" (Ps 42,5). Und dann der Aufschrei, die Klage über die Verwüstung des Heiligtums, des Ortes, wo Gott unter den Menschen gewohnt hat: „Denk an deine Gemeinde, die du vorzeiten erworben, als Stamm dir zu eigen erkauft, an den Berg Zion, den du zur Wohnung dir erwählt hast" (Ps 74,2). Immer wieder kommt der Psalmist, in dem sich das leidgeprüfte Volk wiederfindet, auf das Eine zurück: auf den Bund, den Gott mit seinem Volk geschlossen hat: „Er hat ein Gedächtnis an seine Wunder gestiftet, der Herr ist gnädig und barmherzig. Er gibt denen Speise, die ihn fürchten, an seinen Bund denkt er auf ewig. Er hat seinem Volk seine machtvollen Taten kundgetan, um ihm das Erbe der Völker zu geben" (Ps 111,4-6).

Erinnerung ist gut und wichtig; sie kann trösten und über momentane Not hinweghelfen. Sie darf aber nicht zum einzig Bestimmenden werden für die Gegenwart: „Denkt an das, was früher galt, in uralten Zeiten" (Jes 46,9). Aber auch: „Denkt nicht mehr an das, was früher war; auf das, was vergangen ist, sollt ihr nicht achten. Seht her, nun mache ich etwas Neues. Schon kommt es zum Vorschein, merkt ihr es nicht?" (Jes 43,18f). Zwei gegensätzliche Worte ein und desselben Propheten, in denen Gott ahnen läßt, daß er nicht nur ein Gott der Väter, der Vergangenheit ist, sondern

ein Gott, der sein Volk neu macht, der einen neuen Anfang macht in Jesus Christus.
Jesus Christus ist der Mittelpunkt der heilsgeschichtlichen Erinnerung, und die Erinnerung an ihn und sein Handeln an uns Menschen wird gefeiert in der Memoria, in dem „Tut dies zu meinem Gedächtnis", wovon später noch ausführlich die Rede sein wird.
Die Evangelien, aufgezeichnet Jahrzehnte nach dem Wirken Jesu im Heiligen Land, sind keine historischen Dokumente im heutigen Sinn. Sie sind Texte der Verkündigung und gehen auf die frühe Verkündigung in den Gemeinden zurück, von der wir keine Aufzeichnungen haben. Zeitlich noch näher am Geschehen als die Evangelien ist die Apostelgeschichte, die Lukas, dem Verfasser des dritten Evangeliums, zugeschrieben wird. Aber auch die Apostelgeschichte ist weniger Geschichte der Urkirche als eine Missionschronik der frühen Kirche. Sie schildert, wie die Erinnerung an Leben und Werk Jesu nicht nur in der Urgemeinde zu Jerusalem wach gehalten und gepflegt wurde, sondern wie die Botschaft von Jesus, dem Christus, in der mediterranen Welt verkündet und bezeugt wurde. Kernpunkt der Verkündigung war die Botschaft von der Auferstehung Jesu, wie Paulus im zweiten Timotheusbrief schreibt: „Denk daran, daß Jesus Christus, der Nachkomme Davids, von den Toten auferstanden ist; so lautet mein Evangelium, für das ich zu leiden habe und sogar wie ein Verbrecher gefesselt bin" (2 Tim 2,8). Seit den Zeiten des Paulus hat die christliche Kirche das Gedächtnis Jesu Christi gefeiert und aus dieser Feier heraus den Auftrag und die Kraft empfangen, die Botschaft von der Auferstehung des Jesus von Nazaret zu verkünden: in der Feier des Mahles, das Jesus mit den Seinen gehalten hat vor seinem Leiden

und Sterben und bei dem er ihnen gesagt hat: „Tut dies zu meinem Gedächtnis“ (Lk 22,19).

Vergißt Gott? Gott wird vergessen!

Wie ein Kind erscheint das auserwählte Volk manchmal im Alten Testament; dieser Vergleich hat etwas für sich: Unreif wie ein kleines Kind gebärdet sich Israel manchmal, trotzig und dickköpfig, unberechenbar und unzuverlässig. Dann wieder ängstlich und um Zuwendung bettelnd, so als wolle es sich hinter Gottes Rockschößen verstecken oder im Arm gewiegt werden. Die Liebe Gottes zu seinem Volk wird nicht immer erwidert; es ist ein ungleiches Verhältnis. Nicht zufällig hat der Prophet Hosea das Volk Israel mit einer Hure verglichen, und zum Zeichen der Untreue Israels mußte er eine Kultdirne zur Frau nehmen, damit dem Volk die Augen geöffnet werden für seine Untreue (vgl. Hos 1,2-6).
Wie ein roter Faden zieht sich durch die Geschichte Israels das Gott-Vergessen, die ausgeblendete oder verweigerte Erinnerung. So ergibt sich eine paradoxe Situation: Gott vergißt sein Volk nie, auch dann nicht, wenn es sich von ihm abwendet, andere Wege geht, sich fremde Götter sucht. Doch wehe Gott verbirgt sich einmal! Dann schreit das Volk auf: „Verlaß uns nicht, Herr, unser Gott!“ (vgl. Jer 14,9). „Warum willst du uns für immer vergessen, uns verlassen fürs ganze Leben?“, heißt es im fünften der Klagelieder (Klgl 5,20). „Herr, vergiß die Gebeugten nicht!“ (Ps 10,12). „Wie lange noch, Herr, vergißt du mich ganz?“ (Ps 13,2). „Ich sage zu Gott, meinem Fels: Warum hast du mich verlassen?“ (Ps 42,10) „Vergißt selbst Gott?“ (Ps 77,10). Die aktuelle Not, der Schmerz läßt so fragen und hadern, aber dann

setzt sich doch die Gewißheit durch, bestärkt durch vielfältige Erfahrung: „Er, der jede Blutschuld rächt, denkt an die Armen, und ihren Notschrei vergißt er nicht“ (Ps 9,13). „Gott ist nicht so ungerecht, euer Tun zu vergessen und die Liebe, die ihr seinem Namen erwiesen habt“ (Hebr 6,10). Der Gott der Bibel ist nicht ein ferner und sturer Richter; er liebt, die er geschaffen hat und denkt an sie: „Ich habe dich geschaffen, du bist mein Knecht; Israel, ich vergesse dich nicht“ (Jes 44,21); und dann noch persönlicher: „Doch Zion sagt: Der Herr hat mich verlassen. Kann denn eine Frau ihr Kindlein vergessen, eine Mutter ihren leiblichen Sohn? Und selbst wenn sie ihn vergessen würde: ich vergesse dich nicht“ (Jes 49,14f). Der Gott des Alten Bundes trägt nicht nur väterlich-strenge Züge; er fühlt und handelt wie eine Mutter!

Gott wird vergessen, verdrängt, außer acht gelassen. Diese Erfahrung, so schändlich und schmerzlich für den Menschen, zieht sich durch die ganze Bibel. Gott selbst klagt darüber im Buch des Propheten Jeremia: „Mein Volk aber hat mich vergessen; nichtigen Götzen bringt es Opfer dar“ (Jer 18,15). „An den Fels, der dich gezeugt hat, dachtest du nicht mehr, du vergaßest den Gott, der dich geboren hat“ (Dtn 32,18; vgl. auch Jes 17,10). „Euren Ernährer habt ihr vergessen, den ewigen Gott“ (Bar 4,8). Diese Untreue vergleicht Hosea mit einem satten Magen: „Als sie satt waren, wurde ihr Herz überheblich, darum vergaßen sie mich“ (Hos 13,6), ja mit dem Ehebruch: „Sie (= Israel, eure Mutter) hat ihre Ringe und ihren Schmuck angelegt und ist ihren Liebhabern gefolgt, mich aber hat sie vergessen – Spruch des Herrn“ (Hos 2,15). Und ähnlich klagen die Propheten: „Die Israeliten taten, was dem Herrn mißfiel. Sie vergaßen den Herrn, ihren Gott, und dienten den Baalen und den Kultpfählen" (Ri 3,7). Die Psalmen geißeln diese Vergeßlichkeit, die im Grunde Undankbarkeit ist, immer wieder (vgl. Ps 78,11; Ps 106,21). Das Gottesvergessen des auserwählten Volkes fällt auf das Volk selbst zurück und zerstört seine Zukunft: „Du hast die Weisung deines Gottes vergessen; deshalb vergesse auch ich deine Söhne" (Hos 4,6). Nur das Festhalten am Bund, die Treue, die Gott und sein Volk sich gegenseitig versprochen haben, kann dem Volk wie dem einzelnen Bestand geben: „Vergeßt nicht den Bund, den der Herr, euer Gott, mit euch geschlossen hat" (Dtn 4,23).

Bei aller Untreue geht Israel doch die Erinnerung an das gute, das nahe und persönliche Verhältnis zu seinem Gott nicht ganz verloren – eine Chance für einen Neuanfng, und wenn für diesen Neuanfang auch nur der „heilige Rest" stehen mag, die wenigen oder gar nur ein einzelner: „Dein Wort will ich nicht vergessen", sagt der Psalmist (Ps 119,16). „All das ist über uns gekommen, und doch haben wir dich nicht vergessen, uns von deinem Bund nicht treulos abgewandt" (Ps 44,18), und im gleichen Zusammenhang: „Hätten wir den Namen unseres Gottes vergessen ..., würde Gott das nicht ergründen?" (Ps 44,21) Wie tief trotz allem Wankelmut die Treue zu Gott und die Sehnsucht nach der Gemeinschaft mit ihm steckt, zeigt der Ausruf des Verbannten: „Wenn ich dich je vergesse, Jerusalem, dann soll mir die rechte Hand verdorren" (Ps 137,5). In der Erinnerung liegt die wahre Weisheit, wie es im Buch der Sprichwörter heißt: „Mein Sohn, vergiß meine Lehre nicht, bewahre meine Gebote in deinem Herzen!" (Spr 3,1) „Erwirb dir Weisheit, erwirb dir Einsicht, vergiß sie nicht, weich nicht ab von meinen Worten!" (Spr 4,5)

Wenn der Mensch sich des Guten erinnert und den rechten Weg einschlägt, dann erinnert auch Gott sich des Menschen: „Denn Gott ist nicht so ungerecht, euer Tun zu vergessen und die Liebe, die ihr seinem Namen erwiesen habt" (Hebr 6,10).

Das Pascha

Seit dem Auszug aus Ägypten, dem „Sklavenhaus" (vgl. Ex 13,3), feiert Israel das Pascha-Fest, das für das auserwählte Volk des Alten Bundes den Inbegriff der Erlösung darstellt. Im 12. Kapitel des Buches Exodus ist dieses Geschehen beschrieben; hier seien nur einige Auszüge zur Erinnerung zitiert: Jede Familie soll ein fehlerloses Lamm schlachten, das auf ganz bestimmte Weise zubereitet sein und verzehrt werden muß. Mit dem Blut des Lammes sollen Türpfosten und Türsturz des Hauses bestrichen werden, damit das Haus verschont wird, während in den Häusern der Ägypter alle Erstgeborenen erschlagen werden.

„Diesen Tag sollt ihr als Gedenktag begehen. Feiert ihn als Fest zu Ehren des Herrn! Für die kommenden Generationen macht euch diese Feier zur festen Regel!" (Ex 12,14).

„Begeht das Fest der ungesäuerten Brote! Denn gerade an diesem Tage habe ich eure Scharen aus Ägypten herausgeführt. Begeht diesen Tag in allen kommenden Generationen; das sei für euch eine feste Regel!" (Ex 12,17).

„Wenn ihr in das Land kommt, das euch der Herr gibt, wie er gesagt hat, so begeht diese Feier! Und wenn euch eure Söhne fragen: Was bedeutet diese Feier?, dann sagt: Es ist das Pascha-Opfer zu Ehren des Herrn, der in Ägypten an den Häusern der Israeliten vorüberging, als er die Ägypter mit Unheil schlug, unsere Häuser aber verschonte“ (Ex 12,25-27).

„Mose sagte zum Volk: Denkt an diesen Tag, an dem ihr aus Ägypten, dem Sklavenhaus, fortgezogen seid...“ (Ex 13,3).

„Wenn dich der Herr in das Land der Kanaaniter, Hetiter, Amoriter, Hiwiter und Jebusiter geführt hat..., begeht die Feier in diesem Monat!“ (Ex 13,5).

Die Erinnerung an den Exodus erhielt im Laufe der Zeit im Volk Israel eine feste Form, um die Weitergabe bestmöglich zu gewährleisten:

„Wenn dich morgen dein Sohn fragt: Was bedeutet das?, dann sag ihm: Mit starker Hand hat uns der Herr aus Ägypten, aus dem Sklavenhaus, herausgeführt. Als der Pharao hart blieb und uns nicht ziehen ließ, erschlug der Herr alle Erstgeborenen in Ägypten, bei Mensch und Vieh. Darum opfere ich dem Herrn alle männlichen Tiere, die den Mutterschoß durchbrechen; alle Erstgeborenen meiner Söhne aber löse ich aus. Das sei dir ein Zeichen an deiner Hand und ein Schmuck auf deiner Stirn; denn mit starker Hand hat uns der Herr aus Äypten herausgeführt“ (Ex 13,14-16; vgl. auch Lev 23,4-8; 2 Chr 30,1 – 31,1)

Dieses Paschamahl, das er mit seinen Jüngern feierte, wie es für jede Familie Brauch und Vorschrift war, nimmt Jesus zum Anlaß und Ausgangspunkt, ein neues Mahl zu stiften:

„Als die Stunde gekommen war, begab er sich mit den Aposteln zu Tisch. Und er sagte zu ihnen: Ich habe mich sehr darauf gefreut, vor meinem Leiden dieses Paschamahl mit euch zu essen. Denn ich sage euch: Ich werde es nicht mehr essen, bis das Mahl seine Erfüllung findet im Reich Gottes. Und er nahm den Kelch, sprach das Dankgebet und sagte: Nehmt den Wein, und verteilt ihn untereinander! Denn ich sage euch: Von nun an werde ich nicht mehr von der Frucht des Weinstocks trinken, bis das Reich Gottes kommt. Und er nahm Brot, sprach das Dankgebet, brach das Brot und reichte es ihnen mit den Worten: Das ist mein Leib, der für euch hingegeben wird. Tut dies zu meinem Gedächtnis! Ebenso nahm er nach dem Mahl den Kelch und sagte: Dieser Kelch ist der Neue Bund in meinem Blut, das für euch vergossen wird" (Lk 22,14-20; vgl. 1 Kor 11,23-25).

Dem Paschamahl des Alten Bundes und der Eucharistie – was wörtlich übersetzt „Danksagung" bedeutet, also die Absicht der Feiernden, das Motiv des Erinnerns zum Ausdruck bringt – gemeinsam ist die Erinnerung an Gottes Heilshandeln: hier an dem Volk, das er aus dem Sklavenhaus Ägypten befreit, dort der freiwillig auf sich genommene Tod, verglichen mit dem Paschalamm, das Blut, „das für viele vergossen wird zur Vergebung der Sünden" (Mt 26,28). Zum Gedächtnis, zur Erinnerung wird ausdrücklich aufgefordert.

Memoria – Erinnerungen feiern

Im vorausgegangenen Kapitel über das Pascha im Alten Bund und seine Erfüllung durch Jesus Christus wurde bereits der Gedächtnischarakter dieses Mahles erwähnt. Nun geht es darum, die Feier der Erinnerung, die „Memoria" (lat. für „Gedächtnis") für uns und die heutige Zeit besser zu verstehen, damit wir sie bewußter und intensiver feiern können.
Für die ersten Christen war die Feier des Gedächtnisses an Jesus, ihren Herrn und Meister, und hier besonders die Feier des Mahles, das er mit den Seinen am Vorabend seines Leidens gehalten hat, der Mittelpunkt ihrer Gemeinschaft. Daraus wurde die Eucharistiefeier als Mitte jeder christlichen Gemeinde. In der Eucharistie, der Erinnerung und Vergegenwärtigung dessen, was Jesus getan hat, wird nicht nur sein Tun, sondern wird vielmehr er selbst gegenwärtig. Das Neue Testament schildert an vier Stellen dieses merkwürdige Mahl Jesu mit seinen Jüngern: in den drei synoptischen Evangelien und im ersten Brief des Apostel Paulus an die Gemeinde von Korinth. Letzterer Text ist das älteste Zeugnis, weshalb wir von ihm ausgehen.

> „Ich habe vom Herrn empfangen, was ich euch dann überliefert habe: Jesus, der Herr, nahm in der Nacht, in der er ausgeliefert wurde, Brot, sprach das Dankgebet, brach das Brot und sagte: Das ist mein Leib für euch. Tut dies zu meinem Gedächtnis! Ebenso nahm er nach dem Mahl den Kelch und sprach:
> Dieser Kelch ist der Neue Bund in meinem Blut. Tut dies, sooft ihr daraus trinkt, zu meinem Gedächtnis!

Denn sooft ihr von diesem Brot eßt und aus dem Kelch trinkt, verkündet ihr den Tod des Herrn, bis er kommt."

(1 Kor 11,23-26).

Paulus gehörte nicht zum Kreis der Zwölf, war also bei diesem denkwürdigen Mahl nicht anwesend. Er gibt wieder, was in der frühen Gemeinde schon Brauch war und vollzogen wurde. Im vorausgehenden Kapitel wurde bereits der Bericht des Lukasevangeliums zitiert. Paulus sagt aber ausdrücklich: „Ich habe vom Herrn empfangen, was ich euch dann überliefert habe," (1 Kor 11,23) und beruft sich damit auf eine an ihn ergangene Offenbarung, die sich mit der Tradition der Kirche deckt.
Zweimal fordert Jesus bei der Feier des Mahles in Erinnerung und im Anschluß an das Pascha-Geschehen, wie es jedes Jahr im Volk Israel begangen wurde, die Jünger auf, das, was sie tun, zu seinem Gedächtnis zu tun. Es ist nicht mehr das Gedächtnis und die Erinnerung an das Lamm, das geschlachtet wurde als Bundeszeichen vor dem Auszug aus Ägypten (vgl. Ex 12,1 – 13,16); es ist ein anderer, ein neuer Bund, der hier geschlossen wird und der gegründet ist auf das Opfer, das Jesus Christus selbst ist, fährt Jesus doch nach dem Bericht des 1. Korintherbriefes fort: „Denn sooft ihr von diesem Brot eßt und aus dem Kelch trinkt, verkündet ihr den Tod des Herrn, bis er kommt" (1 Kor 11,26). Hier spricht Jesus nicht von sich in der dritten Person, vielmehr wird an dieser Stelle eine Formulierung gebraucht, die bereits in der Tradition der Gemeinde zu einer festen Formel geworden ist. Die folgenden Verse des 1. Korintherbriefes zeigen, daß diese Feier des Gedächtnisses, das im Feiern gegenwärtig wird, schon nicht mehr von allen Gemeindemitgliedern

richtig verstanden und mitvollzogen wurde (vgl. 1 Kor 11,27-34).

„Zu meinem Gedächtnis“

Die biblischen und liturgischen Texte verwenden das Wort „Gedächtnis“, das mehr einschließt als nur „Erinnerung“. „Gedächtnis“ und „Gedenken“ meinen ein mehr aktives Geschehen, ein bewußtes Sich-Erinnern oder besser: ein Ins-Gedächtnis-Zurückrufen, ein Bewußtmachen. „Erinnerung“ wird im Unterschied – aber nicht im Gegensatz oder zur Abgrenzung – eher verstanden als etwas, das einem wieder einfällt. „Gedächtnis feiern“ meint, sich bewußt auf das, was gewesen ist, ja was jemand dezidiert getan hat, zu besinnen. Gedächtnis hat also mit Tradition und Traditionsbewußtsein zu tun, mit dem Willen, Vergangenes wach zu halten und damit in der Gegenwart weiterwirken zu lassen. Das tut im Grunde die ganze Heilige Schrift des Alten und Neuen Bundes, die die „Großtaten Gottes“ (lat. „magnalia dei“) verkündet und feiert – auch das eine über das bloße Erinnern hinausgehende Form von Gedenken und Gedächtnis. Das Gedenken und das Feiern des Gedächtnisses überbrückt den zeitlichen Abstand zwischen dem historisch feststellbaren Zeitpunkt eines Geschehens und dem Hier und Jetzt. Gedächtnisfeier ist mehr als eine Erinnerungsveranstaltung. „‚Erinnern‘ und ‚Gedenken‘ bedeutet: Gott läßt Vergangenes lebendige Gegenwart sein, die uns miteinbezieht, jetzt wirksam wird. So wird Jesu letztes Mahl in jeder Eucharistiefeier gegenwärtig“ (Grundriß des Glaubens, München u.a. 1980, 147).
Jesus knüpft bewußt an das nationale Befreiungsmahl Israels an; er geht aus von dem in jeder

Familie gefeierten Pascha-Mahl, in dem die Erinnerung an die Rettung des Volkes aus Ägypten nicht nur gefeiert, sondern vergegenwärtigt wird. Das konnten seine Jünger ohne weitere Erklärung verstehen. Aber Jesus ging einen Schritt weiter: Er macht aus dem Pascha-Mahl das Gedächtnismahl der neuen Befreiung und Erlösung, aus dem Essen des Paschalammes das Essen und Trinken seines eigenen Fleisches und Blutes. Und er trägt den Seinen auf: „Tut dies zu meinem Gedächtnis!“ (1 Kor 11,25) Zu diesem Gedächtnis fügt Jesus noch den Gedanken der Danksagung hinzu, der dem Ganzen den bis heute gültigen Namen „Eucharistie“ gegeben hat und damit die Antwort des Menschen, seine Reaktion auf dieses Mahl ausdrückt. Der „Holländische Katechismus“ hat vor einer Generation in einer auch heute noch hilfreichen Weise die Eucharistie folgendermaßen gedeutet:

„Mahl, Danksagung, Opfer zugleich. Das einfache Geschehen: Anreichen von Brot und Wein, und die einfachsten Worte: Dies ist mein Leib ... mein Blut, werden für uns zu einem Kulminationspunkt für alles, was Jesus ist und was er gibt. Sie sind mehr, als ein Christ zugleich erleben kann: Erwartung des Reiches Gottes, Erinnerung an den Abschied Jesu, Vergegenwärtigung des Lebensopfers Jesu, Bund zwischen Gott und uns, Vergebung der Sünden, Danksagung (im Griechischen: eucharistia) und Zeichen und Wirkursache der Liebe untereinander in der Kirche. Seit Paulus ist viel darüber nachgedacht worden, wie man diese Zeichen verstehen könnte. Aber noch wichtiger als dieses Nachdenken der Kirche darüber ist ihr Gehorsam gegenüber dem Wort: Tut dies ... Indem die Kirche dieses >tut<, hat das Abendmahl sie durch alle Jahrhunderte hindurch begleitet, genährt und geformt bis auf den heuti-

gen Tag“ (Glaubensverkündigung für Erwachsene. Deutsche Ausgabe des Holländischen Katechismus, Utrecht 1968, 189).
In der Eucharistie mit ihren Elementen Brot und Wein wird der so oft als verborgen empfundene Gott greifbar und sichtbar. Das Mahl der Gemeinde, das Gegenwart des Mahles Jesu mit seinen Jüngern ist, stellt nicht eine nur virtuelle Wirklichkeit dar, sondern ist im Ursinn des Wortes Sakrament: materielles Zeichen und Wort, das dieses Zeichen deutet und ihm Sinn verleiht; Brot und Wein und die Worte Jesu im Kreis der Seinen. Die Erinnerung (memoria) „materialisiert“ sich; der Auftrag lautet: „Tut dies zu meinem Gedächtnis!“ Nicht nur: Erinnert euch, gedenkt meiner. Gegenwärtig wird in der Feier der Memoria aber nicht der Jesus des Abendmahlssaales, sondern der auferstandene Christus, der für immer in seiner Kirche gegenwärtig ist. In ihm ist die Endzeit angebrochen. Was den Jüngern in dem letzten Mahl Jesu vor seinem Leiden und Tod wie ein Abschied erscheint – wir sind gewohnt, die Worte Jesu etwa so, wie sie uns das Johannesevangelium (vgl. Joh 13,1 – 17,26) überliefert, als Abschiedsreden zu bezeichnen -, ist doch bereits die verheißene Präsenz. Das Paschamysterium verstehen wir meistens als eine Geschichte aus aufeinanderfolgenden Geschehnissen und feiern es im Kirchenjahr mit seiner Liturgie auch so: Leiden, Tod, Grablegung und Auferstehung Jesu, sein Aufsteigen zum Vater im Himmel, die Sendung des Geistes und Christi machtvolle Wiederkehr am Ende der Zeiten. Aber die Endzeit ist an Ostern bereits angebrochen, ist nicht mehr nur Zukunft, so wie Jesu Leben, Leiden und Tod nicht nur zu erinnernde Vergangenheit ist. Im Heilsmysterium Jesu Christi sind Vergangenheit, Gegenwart und Zukunft eins. Unsere Liturgie ist

nicht eine sich in verschiedenen Schritten vollziehende Feier, vergleichbar einem Drama mit seinen einzelnen Akten, sondern ein Ganzes. Wenn wir uns erinnern, dann nicht nach der Art eines Historikers, der sich geschichtliche Ereignisse auf Grund von Quellen und Dokumenten systematisch vergegenwärtigt – ohne daß sie doch wirklich aktuell werden -, sondern im Bewußtsein, daß das, woran wir uns erinnern, hier und jetzt gegenwärtig ist, höchst aktuell.

Trotzdem bleiben wir im Schema von Vergangenheit, Gegenwart und Zukunft gefangen, sind bedroht vom Vergessen dessen, was war (auch wenn es gegenwärtig noch wirksam ist) und von einem Mangel an Hoffnung auf das, was sein wird, oder besser gesagt: auf den, der kommen wird. Das Gedächtnis ist für die Kirche wie für jeden Christen eine zentrale Wirklichkeit. Israel hat sich Jahr für Jahr – und tut es heute noch – in der Feier des Exodus, des Auszuges aus dem Sklavenhaus Ägypten, erinnert an Gottes mächtiges Handeln zum Heil seines Volkes. Ebenso ist für die Kirche und für jeden Christen der Durchgang Christi durch Leiden und Tod zur Auferstehung Erinnerung daran, daß der die leidgeprüfte Welt bedrohende Tod bereits besiegt und bezwungen ist. „Verschlungen ist der Tod vom Sieg. Tod, wo ist dein Sieg; Tod, wo ist dein Stachel?" (1 Kor 15,55)
Die Eucharistie ist nicht durch Zufall Gedächtnisfeier des Christen und der Kirche. In der Eucharistie wird der einzelne wie die Gemeinde zurückgebunden an Jesus Christus und an dessen Auferstehung, die eben nicht nur ein historisches Datum ist, ein Punkt in einer langen Reihe aufeinanderfolgender historischer Ereignisse, sondern Gegenwart Gottes unter den Zeichen seines neu-

en Bundes: Brot und Wein. So wie nach dem Alten Testament der Bund die institutionalisierte Erinnerung ist, zugleich historisch und gegenwärtig, so ist die Memoria, die Gedächtnisfeier des Neuen Testaments Aktualisierung des im Bundesschluß konstituierten und seither geltenden Zu- und Miteinanders von Gott und Mensch, von Gott und Kirche, von Schöpfer und Geschöpf.

„Ich bin bei euch"

Memoria ist – wie bereits gezeigt – nicht nur Erinnerung, sondern immer auch Gegenwärtigsetzen des Historischen und doch nicht geschichtlich Begrenzten im Heute und Morgen. „Er hat ein Gedächtnis seiner Wunder gestiftet, der Herr ist gnädig und barmherzig" (Ps 111,4), so heißt es bereits in den Psalmen, diesen Gebeten aus dem Alten Testament, die über weite Strecken ihre prophetische Funktion erfüllt sehen im Neuen Bund. Die Bezeichnungen „Altes Testament" und „Neues Testament" können irreführend sein: Das „Alte Testament" ist nicht der frühere, vergangene oder überholte Bund, sondern das „Erste Testament", dem Gott in Jesus Christus ein zweites, weiterführendes folgen ließ. Das Alte Testament ist nicht aufgehoben, sondern ist erfüllt worden durch Gottes Offenbarung in Jesus Christus, die erst abgeschlossen sein wird, „wenn er wiederkommt in Herrlichkeit". Von daher ist die Feier des Gedächtnisses nicht rückwärts gerichtet, sondern stellt so etwas wie die Grundlage dar für das Kommende, das Verheißene, und dies ist: der Verheißene; er, der jetzt unter uns gegenwärtig ist in seinem Wort und in der Feier der Eucharistie, die er gestiftet hat als Ausdruck seiner Gegenwart

über sein Leben und Wirken als historische Persönlichkeit hinaus.
Dieses „Ich-bin-bei-Euch" ist eng verbunden mit der Kirche, der Gemeinschaft der an den Gott Jesu Christi Glaubenden, auf ihn Getauften und in der Gemeinschaft seines Wortes und Sakramentes Lebenden. Kirche lebt aus der Erinnerung, aus dem Rückbezug auf Gottes historisches Heilshandeln; aber Kirche ist deshalb nicht allein historisch bedingt und verstehbar. Kirche hat teil an ihrem gegenwärtigen und einst wiederkommenden Herrn. Sie ist nicht nur Verwalterin seines Erbes, seiner Worte, Taten und Lehren, sondern Gemeinde der hier und jetzt lebenden Jünger Jesu, beaufragt mit der Weitergabe des Glaubens im „Tut dies zu meinem Gedächtnis": Tut es; ihr könnt es, denn ich bin bei euch!

Im Laufe der Geschichte der Kirche ist die Feier des Gedächtnisses und das Erinnern manches Mal zu sehr als Retrospektive verstanden worden, als ein Bemühen, möglichst detailgetreu eine Botschaft zu konservieren und der nächsten Generation weiterzugeben. Darüber kann leicht das Vergegenwärtigen, das Sprechen und Wirken in die Gegenwart und Zukunft mit ihren Herausforderungen hinein vernachlässigt werden. Vielleicht macht die Kirche deshalb auf viele den Eindruck von Überalterung und Unbeweglichkeit. In der Erinnerung aber liegt – gerade von Gottes Wirken in der Geschichte und in die Geschichte hinein – die Chance des Neuen aus der Zusage Jesu: „Ich bin bei euch." Was geschieht dadurch? Wozu fordert seine Gegenwart uns heraus? Welche Folgerungen zieht die Kirche heute aus Jesu Wort und Wirken?
Die Eucharistie ist Zeichen der Gegenwart und des Wirkens Gottes durch Jesus Christus einst,

heute und in Zukunft. Sie ist zugleich Erkennungszeichen seiner Kirche weltweit, so unterschiedlich auch die Kirchen, Gemeinden und Denominationen aussehen, die aus Christi Wort und Sakrament hervorgegangen sind und Eucharistie feiern. Ihrem Ursprung und Wesen nach soll und will die Eucharistie Erkennungszeichen und Erinnerung weltweit sein und zugleich Ausdruck der Einheit aller Christen zu allen Zeiten und über alle Weltteile. Gerade diesem Zeichencharakter aber wird die Eucharistie nicht mehr gerecht; sie ist vielmehr zum Abbild der Zerrissenheit der Christen, zum Zeichen der Spaltung und Abgrenzung geworden. Dabei könnten gerade der eine Tisch und das eine Mahl sinnfälliger Ausdruck dessen sein, was Paulus im Bild von dem einen Leib und den vielen Gliedern anschaulich gemacht hat (vgl. Röm 12,3-8; 1 Kor 12,12-27).

Neben der Feier der Eucharistie als dem vorrangigen Gedächtnis der Kirche, als der „großen Memoria“, soll eine andere in der Kirche ebenso alte Form des Erinnerns und Gedenkens nicht vergessen werden: das Gedächtnis der Wundertaten Gottes, der „magnalia dei“, im Gebet und Singen der Gemeinde wie des einzelnen, und zwar vorzüglich in den Psalmen. Die Psalmen sind das bevorzugte Gebet- und Gesangbuch der Kirche, nicht aus einer alttestamentlichen Nostalgie heraus, sondern aus der Erfahrung, daß in diesen ursprünglichen Liedern die Spannweite menschlicher Existenz unübertrefflich zum Ausdruck kommt. Der Nach- und Mitvollzug dieser alten Texte, ihre Wiederholung und Gegenwärtigsetzung helfen dem oft angesichts seines eigenen Schicksals sprachlosen Menschen, sich besser zu erkennen, sich auszudrücken und den Schmerz seines Herzens zu artikulieren. Zugleich helfen diese vorgeformten und den Beter anleitenden und begleitenden Gebetstexte, sich neben dem Bitten in das Danken und Loben einzuüben. Auch so wird das Gedächtnis gefeiert und in ihm die Gegenwart Gottes erfahren: „Danket dem Herrn, denn er ist gütig, denn seine Huld währt ewig" (Ps 118,1).

Es ist bedauerlich, daß diese Weise des Gedenkens fast nur noch in den Klöstern geübt wird.

Die Erfahrung der Mönche

Das Mönchtum als eine christliche Lebensform, die aus ihrer langen Geschichte heraus innerhalb der Kirche bestimmte Akzente setzt, hat eine besondere Nähe zum Erinnern und zur Erinnerung. Alles, was vorausgehend gesagt wurde, findet sich im Mönchtum, verständlicherweise besonders das über den Umgang mit und über das Leben aus der Heiligen Schrift und über die Feier der Memoria. Durch ihr Stundengebet sind die Mönche zudem besondere Freunde der Psalmen, auch wenn sie nicht mehr wie zu St. Benedikts Zeiten den ganzen Psalter innerhalb einer Woche beten oder gar – wie es manche Altväter des Mönchtums fertigbrachten – an einem einzigen Tag. Dahinter stand und steht aber nicht in erster Linie die quantitative Leistung oder die Ablenkung von jeglicher Zerstreuung durch frommes Tun, sondern vielmehr die Einübung in die mönchische Lebensform, in das unablässige Gebet und die Gottverbundenheit.

Das Auswendiglernen durch ständiges Memorieren hat im Mönchtum Tradition. In früher Zeit war es zudem eine praktische Notwendigkeit: Nicht für jeden stand ein eigenes Buch – etwa der Psalmen – zur Verfügung; noch zur Zeit Benedikts von Nursia konnten manche Mönche weder lesen noch schreiben (vgl. Regel Benedikts = RB 58,20), so daß sie wenigstens die Psalmen auswendig lernen mußten, um sich dem Gebet der Gemeinschaft anschließen zu können. Vieles andere wurde durch die regelmäßige Wiederholung im Laufe der Zeit fester Besitz und konnte so zum Fundus für das geistliche Leben werden. Gerade bei diesem Beten zeigt sich die Kraft der Wiederholung, die nicht nur zum Behalten, sondern auch zum Verstärken beiträgt. Das „Ehre sei dem Vater“

am Schluß eines jeden Psalms verstärkt den Aspekt der Erinnerung. Die immer rascher zunehmenden technischen Möglichkeiten der heutigen Zeit machen ein Auswendiglernen praktisch überflüssig. Insgesamt ist damit aber auch eine gewisse Verarmung und Einseitigkeit verbunden. Was vom Auswendiglernen gesagt wurde, gilt auch für das Abschreiben.
Neben dem Gebet prägt das gemeinsame Leben mit seiner festen Ordnung, vor allem der Tagesordnung, den Mönch. Auch hier liegt in der Wiederholung, die zur Erinnerung und Vertiefung verhilft, eine Kraft der Verstärkung und der Treue. Einen besonderen Platz hat seit Benedikts Zeiten in den Klöstern die Feier der Eucharistie, zu der sich die ganze Kommunität versammelt. Die Praxis der „Privatmesse" in den Klöstern ist eine spätere, wenig glückliche Entwicklung, die der Bedeutung der Feier der Memoria in der Gemeinschaft und als Gemeinschaft stiftendes und verstärkendes Element eher Abbruch tut. Beim Psalmengebet hilft die Schlußdoxologie zur Einübung des Erinnerns und Verstärkens: „Ehre sei dem Vater und dem Sohn und dem Heiligen Geist, wie im Anfang so auch jetzt und alle Zeit und in Ewigkeit. Amen."

Wenn Benedikt in seiner Regel auf das Erinnern und die Erinnerung zu sprechen kommt, dann geschieht das meistens in Form einer Ermahnung. So etwa im ersten Kapitel, das er dem Abt widmet. Dabei verwendet er vornehmlich das lateinische Wort „memor" oder „meminisse": Der Abt „muß immer bedenken, wie man ihn anredet" (RB 2,1); er „muß bedenken, was er ist" (RB 2,35). Er „bedenke das Wort der Schrift: ‚Sucht zuerst das Reich Gottes ...'" (RB 2,35). „Er denke daran, daß man das geknickte Rohr nicht zerbrechen darf"

(RB 64,13). „Der Abt denke immer daran, daß in gleicher Weise über seine Lehre wie über sein Leben Rechenschaft von ihm verlangt wird" (RB 2,6). „Stets denke er an alles, was Gott geboten hat" (RB 7,10). „Er denke daran, was nach Gottes Wort der verdient, der einem von den Kleinen Ärgernis gibt" (RB 31,16). Der Abt nach der Vorstellung des hl. Benedikt muß ein gutes Gedächtnis haben; weniger in dem Sinn, daß er alles behalten kann, als vielmehr daß er nichts Wichtiges übersieht, nichts versäumt, was für die Gemeinschaft, für den einzelnen – und auch für ihn persönlich – wichtig ist. Der Abt muß – um es mit einem heute gebräuchlichen Wort zu sagen – den Überblick haben. Er erinnere sich nicht nur an die eigene Erfahrung und folge nicht nur seinen Lieblingsideen, sondern halte sich an die Erfahrung und Weisheit vergangener Zeiten und Epochen, an die Väter des frühen Mönchtums, an die Tradition. Zur Erinnerung muß die Gabe der Unterscheidung kommen. Benedikt drückt es folgendermaßen aus: Der Abt „muß das göttliche Gesetz genau kennen, damit er Bescheid weiß und einen Schatz hat, aus dem er Neues und Altes hervorholen kann" (RB 64,9). Dabei muß er sich seiner eigenen Schwäche und Begrenztheit bewußt sein (vgl. RB 31,8).

Nicht nur der Abt muß sich erinnern an alles, was gut und wichtig und von der Tradition vorgezeichnet ist. Nicht nur er ist verantwortlich, daß die Mönche sich an die bestehende, in der Überlieferung bewährte Ordnung halten. In schweren Fällen, besonders dann, wenn ein Mönch mit einer Strafe belegt worden, ja aus der Gemeinschaft oder von bestimmten Vollzügen des Gemeinschaftslebens ausgeschlossen worden ist, muß der Abt sich „mit größter Sorge" um ihn kümmern, „denn nicht die Gesunden brauchen den Arzt, sondern die Kranken“ (RB 27,1). Der Abt wird mit dem Arzt verglichen (vgl. RB 27,2. Dazu: F. Ruppert / A. Stüfe, Der Abt als Arzt – Der Arzt als Abt, MKS 108, Münsterschwarzach 1997). Diese therapeutische Sicht begründet und belegt Benedikt mit einer Fülle von Schriftzitaten, bevor er auf ein biblisches Bild des Erinnerns, buchstäblich des Zurückholens zurückgreift: auf das Gleichnis vom verlorenen Schaf (vgl. Lk 15,3-7). In der Auslegung bzw. Anwendung durch Benedikt liest sich das so: „Er ahme den Guten Hirten mit seinem Beispiel der Liebe nach: Neunundneunzig Schafe ließ er in den Bergen zurück und machte sich auf, um das eine verirrte Schaf zu suchen. Mit dessen Schwäche hatte er so viel Mitleid, daß er es auf seine heiligen Schultern nahm und so zur Herde zurücktrug“ (RB 27,8f). Erinnern als Zurücktragen, Zurückbringen auf den rechten Weg.

Neben diesem Grenzfall kennt die monastische Tradition die „correctio fraterna“, die „brüderliche Zurechtweisung“. Sie ist im allgemeinen wirkungsvoller, weil persönlicher und direkter: Sie erinnert den, der sich durch sein Verhalten von der Gemeinschaft entfernt hat, an das, was er zu Beginn seines Klosterlebens gewollt und in der Profeß gelobt hat. Erinnern heißt in diesem Kontext, was in der Gelübdeformel so ausgedrückt worden ist: „Confirma hoc, deus, quod operatus es in nobis – Bestärke (präge ein), was du in uns gewirkt hast“. Und schließlich sei in diesem Zusammenhang auch die alltägliche Form der Erinnerung, der „révision de vie“, nicht vergessen, die nicht nur Klosterleuten, sondern jedem Christen anempfohlen und aufgegeben ist: die tägliche Gewissenserforschung.

Das Erinnern hat auch seine Grenzen; nicht alles ist erinnernswert und -würdig. Es gibt Dinge, die nicht in die Erinnerung zurückgerufen werden sollten, da sie dem Menschen – nicht nur dem Mönch – eher schaden. Auch davon weiß und spricht die geistliche Erfahrung, besonders im Mönchtum (vgl. A. Grün, Der Umgang mit dem Bösen, MKS 6, Münsterschwarzach 1980). Was ständig wiederholt wird, indem es wieder hervorgeholt wird, erfährt dadurch eine Verstärkung, die bis zur Abhängigkeit führen kann: Ich brauche dieses und jenes; ich fühle mich nur wohl in dieser Gesellschaft, in dieser Umgebung, in dieser Gedanken- oder besser Traumwelt. Der Markt der Möglichkeiten ist heute größer und vielfältiger als noch vor einer Generation, ganz zu schweigen von der Zeit des frühen Mönchtums. Und doch ist es eine allgemeine Erfahrung, daß der Mensch auf seine Gedanken achtgeben, die Bilder und Wunschvorstellungen in seinem Innern unter Kontrolle halten muß – soweit ihm das bewußt möglich ist. Es gibt ein falsches Erinnern, das im ständigen Wiederholen oder „Abspielen" bestimmter Gedanken, Szenen oder Bilder besteht. Im frühen Mönchtum ist häufig davon die Rede im Kontext dessen, was man „Versuchung" nennt, ein Ausdruck, der heute eher verpönt ist, wodurch die Sache, um die es geht, aber eher an Bedeutung gewinnt. Es sind die Trugbilder, die falschen Vorstellungen, die den Menschen letztlich um sein eigenes Leben und seine persönliche Integrität betrügen. Die Versuchungen sind Irrwege der Suche nach dem gelungenen Leben. In der traditionellen geistlichen Literatur, auch schon bei den frühen Mönchsvätern, spielen sexuelle Vorstellungen dabei eine große Rolle; aber es wäre fatal, Versuchungen nur in diesem Bereich zu vermuten. Versuchung ist im alten Mönchtum alles, was den Mönch von seinem Ziel ablenken, von seinem Weg abbringen kann. Um den Versuchungen widerstehen, sie überwinden zu können, braucht der Mönch innere Ruhe, Herzensruhe, wie man das griechische Wort „hesychia" übersetzen könnte. Ein Väterwort aus dem frühen Mönchtum umschreibt dies so: „Abbas Ruphos sagte: Herzensruhe (hesychia) ist: mit Furcht und Gotteserkenntnis in seinem Kellion (= Mönchszelle) sitzen bleiben und sich der Erinnerung an empfangenes Unrecht und des Hochmutes zu enthalten" (Sprüche der Väter, hg. von P. Bonifatius, Graz u.a. 1963, 209).

Eine sehr strikte, heute kaum noch nachvollziehbare Lebensordnung, konkretisiert in der Ordnung des Tages, hat den frühen Mönchen geholfen, die innere Ausgeglichenheit – wie man „hesychia" heute übersetzen könnte – zu erwerben und zu bewahren. Bei aller Betonung des Sündenbewußtseins und der Reue als Formen der Erinnerung und Aufarbeitung waren sich die alten Mönche sehr wohl bewußt, daß eine zu große Aufmerksamkeit gegenüber der eigenen Sündhaftigkeit gerade nicht hilft, diese zu überwinden und sich zu bessern. Der Mönch – und mit ihm jeder Mensch – soll sich seiner Sünden erinnern und bewußt sein; er darf sie aber nicht ständig sich wieder vor Augen führen und sich in Gedanken mit ihnen beschäftigen, sondern muß lernen, Distanz zu ihnen zu bekommen, ohne sie zu verdrängen. Das gelingt nur mit einer guten Portion Gelassenheit (vgl. B. Doppelfeld, Lassen, MKS 101, Münsterschwarzach 1996). Dann wird auch Bekehrung im Sinne von Umkehr möglich, wie sie den alten Mönchen ein großes Anliegen war. Nur die innere Auseinandersetzung mit dem, was vorher war, ja wie ich persönlich gelebt, gehandelt oder mich verweigert habe, kann zu einer Kehrtwende führen. Das Erinnern im Sinne von Aufarbeiten geht der Veränderung, der Umkehr voraus.

Mein Leben erinnern

Wir Mensch können uns bewußt erinnern; wir haben nicht nur ein Gedächtnis wie andere Lebewesen je nach ihrer Art. Wir können uns erinnern, in unser Inneres schauen und es befragen. Unser Gedächtnis gehorcht uns zwar nicht immer so und ist nicht so zuverlässig wie der Speicher eines Computers. Aber wir können uns all das bewußt machen. Wir sollten unser Erinnerungsvermögen verstärken, fördern und trainieren. Wir dürfen nicht nur klagen über unser schlechtes Gedächtnis, darüber, daß uns dieses oder jenes nicht einfällt und wir nun auch schon das vergessen haben, was uns bisher immer präsent war. Unsere Erinnerung ist ein Schatz, und den gilt es zu heben, aus ihm können wir schöpfen.

Zuerst: Ich will alles erinnern, mein ganzes Leben erinnern; alles, was ich erlebt habe; alles, was meine Geschichte ausmacht. Das bin ich mir schuldig; sonst bin ich nicht ganz. Abgesehen davon, daß erfahrungsgemäß das Vergessenwollen und das Verdrängen nicht gelingt, sondern die Erinnerung sich nur umso stärker meldet, die dunkle, unterdrückte Seite sich rächt und mit Gewalt an die Oberfläche drängt. Durch das Verdrängen verkürze ich mein Leben, mache mich ärmer und verfälsche mein Selbstbild. Erinnern soll für mich heißen: Ich stehe zu mir, zu meinem Tun, zu meiner Geschichte, zu meinen Schwächen, Fehlern, zu meiner Schuld. Ich verdränge nichts; es drängt sich ja doch vor.

Sodann: Ich will mein Leben erinnern, will mich erinnern, wo ich wirklich lebendig war, sprühend vielleicht sogar. Wo habe ich mich als kreativ erlebt? Wo habe ich mit meiner Lebendigkeit

andere anstecken, beleben, wiederbeleben können? Wo ist es mir gelungen, einen Funken überspringen zu lassen von dem, was mir wichtig, lebenswichtig ist?
Ich will mich aber auch erinnern an Tage, Situationen und Begegnungen, wo ich tot war, mir selbst vorkam, als wäre ich am Ende, ausgelaugt, hilflos verstrickt. Nur wenn ich diese andere Seite an mir, diesen Schatten in mir er-inne-re, besteht die Chance, daß das Leben in mir wieder erweckt wird, erinnert wird.

Schließlich: Ich will mich versöhnen mit diesem oder jenem, womit ich noch im Streit bin, in der Auseinandersetzung oder in der Klärung. Vor allem aber will ich mich versöhnen mit mir selbst. Mit meinen Schwächen und Fehlern, mit meiner Blindheit und Unaufmerksamkeit, mit meinen Selbsttäuschungen. Versöhnen will ich mich, ohne faule Kompromisse zu schließen; die schleichen sich von selbst ein. Für all das muß ich mich erinnern, muß zurückschauen auf meinen bisherigen Weg, auf meine Lebensgeschichte.

Aber Erinnern ist mehr als nur Zurückschauen. Wenn ich zurückschaue, mich erinnere, dann geht es nie nur um die Vergangenheit, um das Geschehene, das durchaus noch nicht abgeschlossen ist, das vielmehr nachwirkt, das noch gegenwärtig ist. Kritisch muß ich anschauen: was war, was ich getan oder verweigert, verdrängt habe. Nostalgie ist die Krankheit der Erinnerung, die Versuchung der Schönfärberei, der Selbstbetrug im nachhinein. Echte Erinnerung zielt auf Bewältigung, das Gegenteil von Verherrlichung. Es gibt Zeitgenossen, die schwelgen nur so in Erinnerungen, und diese sind ausnahmslos Begebenheiten, wo sie groß und stark waren, wo sie es den anderen gezeigt haben, wo sie Recht hatten, wo sie die Sieger waren. Erinnerung ist immer in der Gefahr zu glorifizieren; manche Geschichten werden mit jedem Erzählen ein wenig schöner, glorreicher – wie der Held im Märchen. Und es sind Märchen. Doch wir sind keine Märchenprinzessinnen oder -prinzen. Wir erinnern uns „nur“, und das ist nicht nur schön. Wir müssen auch manches noch bewältigen, damit es in der Erinnerung uns nicht Gewalt antut. Ohne Erinnerung können wir nicht leben. Ohne Erinnerung stünde unsere Zukunft auf unsicherem Boden.

Erinnern üben

Es mag paradox klingen, daß Erinnern geübt werden muß. Wir werden doch ständig mit Erinnerungen aus unserem Gedächtnis beliefert, mehr als uns manchmal lieb ist. Hier geht es aber um das bewußte Erinnern: Ich schaue an, was war, woran ich mich erinnere – und auch woran ich mich lieber nicht erinnern möchte. Damit beuge ich zugleich der Nostalgie vor und vermeide, die Vergangenheit zu glorifizieren.

* Nehmen Sie sich Zeit, in alten Photoalben zu blättern. Ein verregneter Ferientag ist dafür eine gute Gelegenheit. Was einem beim Blättern in Alben oder Tagebüchern alles wieder einfällt!

* Am besten schaut man die Alben zu zweit an, in der Familie, mit denen, die damals dabei waren. Jeder erinnert sich etwas anders, und das Bild, das so entsteht, wird farbiger, reicher an Nuancen. In diese Erinnerung sind immer auch die Menschen eingeschlossen, die jetzt

nicht mehr bei uns sind: die Verstorbenen, die Getrennten, diejenigen, die wir aus den Augen verloren haben, die aber durch die Erinnerung noch oder wieder bei uns sind. Solche Erinnerung ist durchaus nicht nostalgisch; sie weckt vielfältige Gefühle und hilft, manches aufzuarbeiten, was noch unbewältigt, ja verdrängt ist. Ganz wichtig ist, daß wir miteinander ins Gespräch kommen und unsere Erinnerungen nicht stumm bleiben, ob es um die Partnerbeziehung geht, um Familie oder Verwandtschaft, um die Klassengemeinschaft, den Freundeskreis oder den Sportverein. Es schadet nicht, so richtig in Erinnerungen zu schwelgen und den festen Vorsatz zu fassen: Da fahre ich noch einmal hin; das will ich noch einmal sehen; den muß ich noch einmal treffen. Vielleicht wird ja wirklich etwas daraus!

* Der Vorteil unserer Erinnerungen besteht darin, daß sie meist sehr konkret, sehr anschaulich sind. Wir erinnern uns in Bildern und Szenen: „Ich sehe noch ganz genau die Straße vor mir ..." Urlaubsfotos, Filme und Videos sind Hilfen zur Erinnerung – aber nur zur persönlichen Erinnerung. Für Verwandte und Freunde können sie totlangweilig sein: eben weil sie diese an nichts erinnern, sondern unbekannt, aus dem Zusammenhang gerissen und ziemlich zufällig sind.

* Auch die unguten, die verletzenden Erinnerungen bestehen vor allem aus Bildern, aus Szenen, die wir wieder und wieder ablaufen lassen, die wir wie einen Film uns vorspielen. Wieder und wieder erinnern wir uns daran, wie wir mißverstanden oder gekränkt worden sind, wie man uns Unrecht getan, uns verletzt hat.

Zu den Filmen, die wir in unserer Erinnerung laufen lassen, gehören aber auch die Gelegenheiten und Szenen, wo wir stark waren, wo wir es den anderen einmal gezeigt haben, wo wir Sieger und die anderen Verlierer waren. In der Filmbranche gibt es eine „freiwillige Selbstkontrolle", die das, was den Menschen, vor allem Kindern und Jugendlichen nicht gut tut, aus dem Verkehr zieht. Wie steht es mit unserer „persönlichen Filmkontrolle", mit unserer seelischen Hygiene?! Erinnerung ist nicht nur schön, sondern manchmal bittersüß. Das darf sie auch sein; Verdrängen hilft nicht. Aber wir müssen wissen, was wir verstärken, was wir in uns und anderen fördern wollen.

Einige Ratschläge

* Ein Tagebuch kann helfen, das, was mir wichtig ist, nicht nur besser zu behalten, sondern insgesamt bewußter zu leben, Spuren im eigenen Leben zu entdecken, der persönlichen Entwicklung gewahr zu werden.

* Ein täglicher Rückblick, am besten am Abend vor dem Schlafengehen, immer aber mit Stille innen und außen, hilft, dessen inne zu werden, was das persönliche Leben ausmacht, wovon es beeinflußt wird, was konkret gelungen ist und was nicht. Es gibt verschiedene Formen eines solchen Rückblickes auf den zu Ende gehenden Tag, allgemein umschrieben mit dem französischen Wort „révision de vie". Eine gute konkrete Anleitung stellt das „Gebet der liebenden Aufmerksamkeit" dar, eine praktische Anleitung für die „wichtigste Viertelstunde des Tages".

* Neben dem Rückblick auf den zu Ende gehenden Tag wird die persönliche Erinnerung auch gestärkt durch einen immerwährenden Kalender, in dem persönliche Gedenktage ebenso wie Gedenktage nahestehender Menschen aufgeführt sind. Ein solcher Kalender ist nicht nur Erinnerung, sondern hilft, Beziehungen zu aktualisieren und zu aktivieren und das Netz der Vertrautheit enger zu knüpfen.

* Erinnern hilft, daß uns das eigene Ich bewußter wird, daß wir uns besser verstehen und auch besser mit uns selbst umgehen können, unsere Identität entwickeln und erkennen. Wer ich bin, verstehe ich nur, wenn ich mich erinnere, wie und warum ich so geworden bin. Der große Naturwissenschaftler und -philosoph Teilhard de Chardin hat gesagt: „Nichts ist verstehbar außer durch seine Geschichte."

Je länger wir leben, desto größer kann der Schatz unserer Erinnerung werden. Wie wir unsere Lebensgeschichte betrachten, wie wir uns erinnern, macht die Qualität unseres Lebens aus – nicht erst im Alter. Wir können verdrängen und können aufarbeiten, was unser Leben, unsere Geschichte ist und was zur Erinnerung wird.

Ein jüdisches Sprichwort sagt:
„Das Geheimnis der Versöhnung heißt Erinnerung."

MÜNSTERSCHWARZACHER KLEINSCHRIFTEN

Schriften zum geistlichen Leben

ISSN 0171-6360

1	Grün, A., **Gebet und Selbsterkenntnis**	(1979)	56 S.
2	Doppelfeld, B., **Der Weg zu seinem Zelt**	(1979)	64 S.
3	Ruppert/Grün, **Christus im Bruder**	(1979)	56 S.
4	Hugger, P., **Meine Seele, preise den Herrn**	(1979)	84 S.
5	Louf, A., **Demut und Gehorsam**	(1979)	55 S.
6	Grün, A., **Der Umgang mit dem Bösen**	(1980)	84 S.
7	Grün, A., **Benedikt von Nursia**	(1979)	60 S.
8	Hugger, P., **Ein Psalmenlied, dem Herrn,** Teil 1	(1980)	72 S.
9	Hugger, P., **Ein Psalmenlied, dem Herrn,** Teil 2	(1980)	80 S.
10	Hugger, P., **Ein Psalmenlied, dem Herrn,** Teil 3	(1980)	80 S.
11	Grün, A., **Der Anspruch des Schweigens**	(1980)	72 S.
12	Schellenberger, B., **Einübung ins Spielen**	(1980)	52 S.
13	Grün, A., **Lebensmitte als geistliche Aufgabe**	(1980)	60 S.
14	Doppelfeld, B., **Höre – nimm an – erfülle**	(1981)	68 S.
15	Friedmann, E., **Mönche mitten in der Welt**	(1981)	76 S.
16	Grün, A., **Sehnsucht nach Gott**	(1982)	64 S.
17	Ruppert/Grün, **Bete und arbeite**	(1982)	80 S.
18	Lafrance, J., **Der Schrei des Gebetes**	(1983)	64 S.
19	Grün, A., **Einreden**	(1983)	78 S.
22	Grün, A., **Auf dem Wege**	(1983)	72 S.
23	Grün, A., **Fasten – Beten mit Leib und Seele**	(1984)	76 S.
25	Kreppold, G., **Die Bibel als Heilungsbuch**	(1985)	80 S.
26	Louf/Dufner, **Geistliche Vaterschaft**	(1984)	48 S.
28	Schmidt, M.-W., **Christus finden in den Menschen**	(1985)	48 S.
29	Grün/Reepen, **Heilendes Kirchenjahr**	(1985)	88 S.
30	Durrwell, F.-X., **Eucharistie – das österl. S.**	(1985)	76 S.
31	Doppelfeld, B., **Mission**	(1985)	62 S.
32	Grün, A., **Glauben als Umdeuten**	(1986)	68 S.
36	Grün, A., **Einswerden**	(1986)	80 S.
37	Community, B., **Regel für einen neuen Bruder**	(1986)	48 S.
39	Grün, A., **Dimensionen des Glaubens**	(1987)	80 S.
41	Domek, J., **Gott führt uns hinaus ins Weite**	(1987)	72 S.
44	Grün/Reitz, **Marienfeste**	(1987)	80 S.
45	Domek, J., **Segen – Quelle heilender Kraft**	(1988)	76 S.
46	Grün/Reepen, **Gebetsgebärden**	(1988)	72 S.
47	Kohlhaas, E., **Es singe das Leben**	(1988)	60 S.
50	Grün, A., **Chorgebet und Kontemplation**	(1988)	68 S.
51	Doppelfeld/Stahl, **Mit Maria auf dem Weg d. Gl.**	(1989)	68 S.
52	Grün, A., **Träume auf dem geistlichen Weg**	(1989)	68 S.
53	Kreppold, G., **Die Bergpredigt,** Teil 1	(1989)	88 S.

54	Kreppold, G., **Die Bergpredigt,** Teil 2	(1989)	72 S.
57	Grün/Dufner, **Gesundheit als geistl. Aufgabe**	(1989)	108 S.
58	Grün, A., **Ehelos – des Lebens wegen**	(1989)	88 S.
59	Staniloae, D., **Gebet und Heiligkeit**	(1990)	48 S.
60	Grün, A., **Gebet als Begegnung**	(1990)	88 S.
61	Doppelfeld, B., **Mission als Austausch**	(1990)	72 S.
62	Abeln/Kner, **Kein Weg im Leben i. vergebens**	(1990)	56 S.
63	Faricy/Wicks, **Jesus betrachten**	(1990)	40 S.
64	Grün, A., **Eucharistie und Selbstwerdung**	(1990)	94 S.
65	Doppelfeld, B., **Ein Gott aller Menschen**	(1991)	80 S.
66	Abeln/Kner, **Wie werde ich fertig m.m. Alter?**	(1992)	76 S.
67	Grün, A., **Geistl. Begleitung bei d.Wüstenv.**	(1992)	100 S.
68	Grün, A., **Tiefenpsycholog. Schriftauslegung**	(1992)	108 S.
69	Doppelfeld, B., **Symbole,** Teil 1	(1993)	112 S.
70	Doppelfeld, B., **Symbole,** Teil 2	(1993)	100 S.
71	Grün, A., **Bilder von Verwandlung**	(1993)	100 S.
72	Simons, G. F., **Religiöse Erfahrung,** Teil 1	(1993)	100 S.
73	Müller, W., **Meine Seele weint**	(1993)	68 S.
74	McDonnell, K., **Die Flamme neu entfachen**	(1993)	44 S.
75	Alphonso, H., **Die Persönliche Erfahrung**	(1993)	70 S.
76	Grün/Riedl, **Mystik und Eros**	(1993)	114 S.
77	Ziegler, G., **Der Weg zur Lebendigkeit**	(1993)	76 S.
78	Doppelfeld, B., **Symbole,** Teil 3	(1993)	88 S.
79	Ruppert, F., **Der Abt als Mensch**	(1993)	48 S.
80	Tiguila, B., **Afrikanische Weisheit**	(1993)	50 S.
81	Grün, A., **Biblische Bilder von Erlösung**	(1993)	102 S.
82	Grün/Dufner, **Spiritualität von unten**	(1994)	108 S.
83	Doppelfeld, B., **Symbole,** Teil 4	(1994)	74 S.
84	Wilde, M., **Ich verstehe dich nicht!**	(1994)	56 S.
85	Abeln/Kner, **Das Kreuz mit dem Kreuz**	(1994)	68 S.
86	Ruppert, F., **Mein Geliebter, die riesigen Berge**	(1995)	85 S.
87	Doppelfeld, B., **Zeugnis und Dialog**	(1995)	92 S.
88	Friedmann, E., **Die Bibel beten**	(1995)	112 S.
89	Müller, W., **Gönne Dich Dir selbst**	(1995)	74 S.
90	Ruppert, F., **Urwald und Weisheit**	(1995)	72 S.
91	Simons, G. F., **Religiöse Erfahrung,** Teil 2	(1995)	102 S.
92	Grün, A., **Leben aus dem Tod**	(1995)	104 S.
93	Grün, A., **Treue auf dem Weg**	(1995)	116 S.
94	Friedmann, E., **Ordensleben**	(1995)	104 S.
95	Stenger, H., **Gestaltete Zeit**	(1996)	80 S.
96	Doppelfeld, B., **Bleiben**	(1996)	74 S.
97	Schütz, Ch., **Mit den Sinnen glauben**	(1996)	60 S.

98	Johne, K., **Wortgebet und Schweigegebet**	(1996)	100 S.
99	Grün, A., **Das Kreuz**	(1996)	108 S.
100	Grün, A./Seuferling A., **Schöpfungsspiritualität**	(1996)	100 S.
101	Doppelfeld, B., **Lassen**	(1996)	92 S.
102	Grün, A., **Wege zur Freiheit**	(1996)	112 S.
103	Kreppold, G., **Krisen – Wendezeiten im Leben**	(1997)	84 S.
104	Abel, P., **Gemeinsam Gott erfahren**	(1997)	88 S.
105	Schürmann, H., **Das Jesusgebet im Kirchenjahr**	(1997)	88 S.
106	Grün, A., **Exerzitien für den Alltag**	(1997)	100 S.
107	Wiggermann, K., **Das geistliche Wort**	(1997)	82 S.
108	Ruppert, F. / Stüfe, A., **Der Abt als Arzt ...**	(1997)	78 S.
109	Nouwen, H.J.M., **Jesus und Maria**	(1998)	52 S.
110	Braulik, G., **Biblische Betrachtungen**	(1998)	124 S.
111	Müller, W., **Wenn du ein Herz hast, ...**	(1998)	68 S.
112	Kreppold, G., **Selbstfindung oder Selbstverwirklichg.**	(1998)	90 S.
113	Doppelfeld, B., **Erinnern**	(1998)	84 S.

VIER-TÜRME-VERLAG
D-97359 Münsterschwarzach Abtei
Telefon 0 93 24/20-2 92 · Telefax 0 93 24/20-4 52